O LIVRO DOS SANTOS

CASOS REAIS QUE TOCAM A NOSSA ALMA

Anne Gordon

O LIVRO DOS SANTOS

CASOS REAIS QUE TOCAM A NOSSA ALMA

Tradução
MARCELO BRANDÃO CIPOLLA

EDITORA CULTRIX
São Paulo

Título do original:
A Book of Saints
True Stories of How They Touch Our Lives

Copyright © 1994 by Anne Gordon.
Publicado mediante acordo com a Bantam Books,
uma divisão da Bantam Doubleday Dell Publishing Group, Inc.

Edição	Ano
1-2-3-4-5-6-7-8-9	95-96-97-98-99

Direitos de tradução para o Brasil
adquiridos com exclusividade pela
EDITORA CULTRIX LTDA.
Rua Dr. Mário Vicente, 374 — 04270-000 — São Paulo, SP — Fone: 272-1399
que se reserva a propriedade literária desta tradução.

Impresso em nossas oficinas gráficas.

*Em memória de
Ken Gordon
e de Channa Rose Berman*

O homem morre como morre. Só o santo escolhe sua morte como escolhe sua vida; ele é o senhor de sua chegada e de sua partida.

RAMON GUTHRIE

SUMÁRIO

Lista de Ilustrações 11
Introdução 13

PARTE I
LAÇOS DA GRAÇA

1. A Importância da Oração 23
2. Milagres do Cotidiano: Casos Reais de Eficácia da Oração . . . 33

PARTE II
CAMINHOS DA SANTIDADE

3. A Coragem da Convicção: Os Santos Mártires 55
4. A Via do Silêncio: Os Santos do Deserto 63
5. A Busca de Equilíbrio: São Bento e os Santos Monges 73
6. A Compaixão em Ação: Os Santos Missionários 81
7. Encontro Divino: Os Santos Místicos 93

PARTE III
LIÇÕES QUE OS SANTOS NOS DÃO

8. O Apóstolo de Auschwitz: São Maximiliano Kolbe 109
9. A Vontade de Crer: Santa Joana d'Arc 119
10. A Coragem de Enfrentar: São Jerônimo 127
11. É pelo Amor que Chegamos, e não pela Força
    das Velas: Santo Agostinho 137

12. Uma Fé que Levanta a Alma Vacilante:
    Madre Elizabeth Seton 145
13. Fraternidade de Alegria: São Francisco de Assis............. 153
14. Esta Missão de Amor: Madre Francisca Cabrini 165
15. Um Coração de Ternura: São Patrício...................... 175
16. O Castelo Interior: Santa Teresa de Ávila 181
17. Atravessando a Noite: São João da Cruz 191

Epílogo 201

Apêndice: Índice de Santos Padroeiros 207

Notas... 226

Agradecimentos.. 227

LISTA DE ILUSTRAÇÕES

Cristo com um cortejo de mártires............................ 2-3
Jesus 14
Gandhi 16
Buda 18
Assembléia dos Santos..................................... 21
São José 24
Thomas Merton.. 28
Madre Teresa.. 30
Santa Rita de Cássia.. 34
Nossa Senhora de Guadalupe 36
A Virgem e o Menino com Santa Ana 45
Padre Pio 47
Santo Antônio de Pádua.................................... 49
São Lourenço.. 56
Santa Apolônia de Alexandria............................... 59
Arcebispo Oscar Romero................................... 60
São Jerônimo e o leão 65
Buda 66
A Tentação de Santo Antão................................. 69
Santo Ambrósio... 71
São Bento... 74
Santa Clara (com São Francisco) 78
São Cuthbert 82
Santa Catarina de Sena..................................... 83
São Domingos 84
Santo Inácio de Loiola...................................... 85

São Francisco Xavier 87
Teresa de Ávila 96
São João da Cruz 99
Santa Gertrudes, a Grande 100
Bodhisattva 107
Maximiliano Kolbe 110
Maximiliano Kolbe 112
Maximiliano Kolbe 113
Maximiliano Kolbe 116
Maximiliano Kolbe 117
Joana d'Arc 122
Joana d'Arc 126
São Jerônimo 128
São Jerônimo 130
São Jerônimo 133
Santo Agostinho 139
Santo Agostinho 144
Elizabeth Bailey (nome de solteira de Elizabeth Seton) 146
Elizabeth Seton (com seus filhos) 148
Madre Seton 152
São Francisco 154
São Francisco 161
São Francisco 163
Madre Francisca Cabrini 166
Santa Francisca Cabrini 173
São Patrício 176
Santa Teresa 182
Santa Teresa 184
Teresa de Ávila 189
São João da Cruz 198
São Raimundo Nonato 202
Santa Dorotéia 208
São Caetano com o Menino Jesus 209
Santa Bárbara 211
Santa Teresa de Lisieux 220

INTRODUÇÃO

*H*á quatro anos, algo terrível me aconteceu. Kenny, meu irmão mais novo, morreu aos trinta anos de idade. Conheci a dor e o sofrimento e passei muitas noites sem dormir; mas, acima de tudo, eu só queria saber se ele estava enfim livre da dor. Onde está ele? — eu pensava. E como entrar em contato com ele para saber se está bem? Mais do que nunca, eu queria saber mais a respeito da oração e da vida depois da morte.

Pouco tempo depois da morte de meu irmão, comecei a rezar sinceramente a Deus; de algum modo, porém, Ele me parecia muito distante, inacessível para mim. Logo percebi que eu precisava de um toque humano que me ajudasse a transpor o abismo entre o céu e a terra. Buscando reacender minha fé, pedi a ajuda dos santos. O livro que você tem nas mãos é o resultado dessa tentativa de recorrer aos santos em busca de um novo sentido e objetivo para a vida.

Além de "fazer contato" com os santos, meu objetivo ao escrever este livro foi o de organizar meus muitos fragmentos desconexos de pensamentos espirituais de modo a compor um todo mais coeso e dotado de sentido. Já faz tempo que cheguei à conclusão de que, se não soubermos com clareza quais são as nossas convicções — se não formos capazes de formular para nós uma visão espiritual holística e abrangente da vida —, será impossível viver com qualquer grau de profundidade, certeza e objetivo. Os santos pareceram-me o lugar perfeito para onde me voltar em busca de ajuda para alcançar uma visão mais profunda da verdade espiritual.

Acho que, na sua realidade mais autêntica, os santos são eleitos de Deus — nem completamente sobrenaturais nem em tudo iguais aos ou-

A Sagrada Face de Jesus, representada pelo grande santeiro Rafael Aragon, do Novo México.

(Cortesia da Harwood Foundation, Universidade do Novo México)

tros. Embora sejam homens e mulheres iguais a nós, optaram por modelar sua vida segundo a de Jesus. Fizeram o que Paulo nos exorta a fazer na Carta aos Efésios 5:1-2: "Sede imitadores de Deus, como seus filhos amados." Suas vidas nos mostram que é possível praticar os ensinamentos do Evangelho, desde que tenhamos a disposição de dedicar-nos ao serviço do amor.

Os santos buscaram imitar Cristo com suas vidas. Esperavam curar a si mesmos e aos outros, vivendo uma vida cristã cheia de significado. Não obstante — e em diversos graus —, cada um deles tinha sua própria noção do que é ser uma pessoa religiosa e de qual é a melhor maneira de concretizar a mensagem de Deus. Nesta época em que a maré do conformismo se torna mais alta a cada dia, em que um sem-número de grupos religiosos querem nos incitar a seguir o "único caminho para Deus", é muito agradável saber que os santos caminharam para Deus de muitas maneiras diferentes. Vivendo uma vida de pobreza, São Francisco revelou como ele entendia o ser cristão. Joana d'Arc comunicou sua compreensão da santidade através de uma profunda manifestação de patriotismo. Santo Anselmo lançou-se em direção a Deus através do estudo e a interpretação das Escrituras. São Patrício encontrou seu propósito na evangelização. São Maximiliano Kolbe encontrou o seu no auto-sacrifício. Cada um desses santos redefiniu o Cristianismo, vivendo como indivíduos singulares em diferentes momentos da história.

Depois de menos de dois meses de trabalho neste livro, ficou claro para mim que abarcar toda a vastidão da história cristã e dos santos seria uma tarefa descomunal. Minha educação católica pouco me ensinara sobre misticismo e teologia contemplativa, e menos ainda acerca do papel dos santos na história da Igreja. Na tentativa de entender o significado da vida dos santos e o que ela tem a dizer para nós hoje, estudei história antiga e examinei documentos teológicos. Li muitos trabalhos de pesquisa, porque são poucos os livros populares sobre os santos que vão além da mera lenda.

Boa parte das ditas "biografias" populares que li não passavam de "hagiografias", como as chamam os estudiosos — histórias altamente subjetivas e muitas vezes irreais, escritas por homens e mulheres cegos pelo amor. Quase sempre pintam quadros de pessoas sem nenhum defeito moral, fazendo milagres a seu bel-prazer, sem referir-se aos aspectos mais humanos e menos louváveis de suas vidas. Afinal de contas, os santos são seres humanos. Nunca houve um santo perfeito. Ambrose Bierce entendeu-o muito bem e, com bom humor, escreveu que o santo nada mais é que "um pecador morto, revisto e editado". Os hagiógrafos tendem a se esquecer disso, mas eu logo aprendi a perdoar os exageros e fantasias em que incorreram em sua busca pela bondade. Os hagiógrafos, tanto quanto eu, precisam dos santos para ajudá-los a transpor o abismo que se abre entre eles e seu Deus.

Enquanto trabalhava neste livro, passei horas e horas conversando com homens e mulheres que oram aos santos à procura de orientação, consolo, força e cura para suas vidas. Essas conversas, algumas das quais constam do Capítulo 2, são testemunhos atuais de que os santos continuam vivos; de que mesmo hoje, 1994 anos depois do nascimento de Cristo, a vida das pessoas ainda se abre, de mil maneiras diferentes, à cotidiana influência dos representantes humanos de Deus na terra — os santos.

A oração é um recurso poderoso. Quando rezamos aos santos, fazemos diminuir as forças do mal no mundo. A oração pode nos ajudar

Gandhi reconheceu a imensa força da verdade. Sabia que a verdade haveria de vencer toda injustiça e criar uma nova ordem.

a obter a cura física e mental; pode nos aliviar a alma quando a morte nos atordoa e rouba o riso de nossas vidas. A oração é um investimento de fé; dirigida aos santos, pode produzir profundas mudanças positivas em nossas vidas. Estas histórias verdadeiras sobre os santos e sua ação em nossas vidas demonstrarão por que eles podem continuar desempenhando um importante papel para nosso bem-estar espiritual.

As pessoas com quem falei sentem-se atraídas por santos muito diferentes, de diversos períodos da história cristã. Algumas têm atração pelo mártires da antigüidade, outras pelos místicos do século XVI, outras ainda por missionários dos tempos modernos, como Madre Francisca Cabrini. Ao longo dos anos, as diversas épocas apresentaram desafios diferentes aos cristãos, e novos caminhos nasceram desses desafios. Por isso, é útil ter alguma compreensão das forças históricas que levaram essas pessoas, cada qual à sua maneira, a empenhar-se na busca de significado. Foi pensando nisso que organizei a Parte II do livro acerca dos cinco tipos de santos que marcaram a história da Igreja — os mártires, os eremitas, os monges, os missionários e os místicos — e acerca das lições que eles têm a nos oferecer hoje. Devo confessar, porém, que os santos cujo perfil resolvi traçar na Parte III são os meus favoritos — homens e mulheres cujas vidas têm muito a me dizer, não importa há quanto tempo tenham vivido.

Tendo organizado a Parte II em torno de diversos tipos de santos, não quero dar a impressão de achar que cada um desses servos de Deus se encaixa somente numa determinada categoria. Muito pelo contrário: alguns dos maiores santos místicos foram também grandes missionários, e alguns dos maiores teólogos da Igreja foram também missionários, mártires e contemplativos. Nunca tive muita fé na categorização, e ela parece ser especialmente inadequada no que diz respeito aos santos e aos caminhos da santificação. No fim, o modo pelo qual definimos o santo é menos importante que o modo e o motivo pelos quais o santo respondeu aos desafios da vida espiritual.

Sei que, para muitas pessoas de mentalidade secularizada, os santos não passam de um bando de extremistas religiosos. Outras pessoas, que têm um pouco de fé, vêem-nos simplesmente como modelos inspiradores. Para mim, porém, os santos são heróis. Eles foram excêntricos e cativantes, passivos e agressivos, carinhosos e rabugentos, guerreiros e apaziguadores; passaram fome, irritaram-se contra Deus, enfrentaram-se uns aos outros e, sim, cometeram erros, enquanto rogavam incessantemente por misericórdia e duvidavam de que pudessem entrar no céu. Decaíam da graça e levantavam-se novamente, fazendo, a cada vez, o voto de melhorar. C. S. Lewis escreveu que "Os grandes pecadores são feitos do mesmíssimo material que [...] os grandes santos". Tranqüilizo-me quando me lembro de que o contrário também é verdadeiro: os grandes santos são feitos do mesmíssimo material que os grandes pecadores.

Todos aprendemos melhor pelo exemplo e pela imitação. A leitura e o estudo da vida dos santos conferem-nos a oportunidade especial de pautar nossa vida segundo a dos homens e mulheres mais espiritualizados que passaram sobre a Terra. Jesus afirmou ser um modelo que todos deviam seguir. As pessoas seguiram Buda, Gandhi e Madre Teresa de Calcutá pela mesma razão: admiraram sua santidade, mansidão e verdade de espírito e conceberam a esperança de imitá-los.

Quando um homem segue sozinho o seu Deus, outros homens o seguem. São Maximiliano Kolbe, prisioneiro de Auschwitz, ofereceu sua vida para que outro pudesse viver. Confiando no exemplo de Jesus com fé e coragem profundas, comoveu e inspirou milhares de outras pessoas a viver uma vida mais semelhante à de Cristo, a ter mais com-

Estátua do Buda no Jardim Japonês, Golden Gate Park, San Francisco.

paixão pelos outros e a honrar todos os seus semelhantes. Cada um dos santos nos chama a fazer o mesmo: pedem-nos que nos dediquemos, com sinceridade, a viver uma vida de compaixão espiritual.

Refletindo sobre a minha vida, percebo que muitas pessoas já me premiaram com grandes dádivas sem que eu as tivesse pedido ou delas tomasse conhecimento. Nossa vida espiritual pode ser alimentada do mesmo modo: desfrutando e aproveitando as dádivas que os outros nos dão, quer se trate de uma lição de humildade, de uma história que ouvimos ou de uma simples ajuda. Certas pessoas dizem que nunca viram alguém manifestar as virtudes que caracterizam a santidade, mas a verdade é que elas podem ser vistas sempre: basta refletir nos atos simples de gentileza e solidariedade que ocorrem cotidianamente em nossas vidas. Em San Diego, no hospital onde meu irmão morreu, todos os assistentes sociais, médicos, conselheiros e amigos de meu irmão estenderam-nos a mão num gesto de caridade. Para ver os santos em nossa vida, basta olhar, basta abrir os olhos às milhares de pequenas atitudes de sentimento e interesse humanos.

Espero que este livro o motive a escolher alguns santos de sua preferência, pois a vida da alma precisa de marcos espirituais, de faróis de santidade que nos orientem no caminho. (Se quiser ver uma lista de santos, vá à página 207.) Nas palavras elegantes do falecido dr. Albert

Schweitzer: "À medida que ficamos mais velhos, percebemos mais e mais que a verdadeira força e a verdadeira felicidade só nos vêm através daqueles que têm para nós um significado espiritual. Quer estejam próximos ou distantes, mortos ou ainda vivos, precisamos deles para encontrar o nosso caminho pela vida. O bem que trazemos conosco só se transforma em vida e ação quando eles estão espiritualmente próximos de nós." Os santos estão espiritualmente próximos — basta convidá-los a entrar e dar-lhes a chance de fazer milagres em nossas vidas.

PARTE I

LAÇOS DA GRAÇA

PARTE 1

LAÇOS
DA
GRAÇA

1

A IMPORTÂNCIA DA ORAÇÃO

Certa vez, minha tia-avó foi amparada — talvez até salva — por um santo. No dia 3 de setembro de 1955, quando o homem com quem estava casada há dezesseis anos morreu subitamente, aos 42 anos de idade, de ataque cardíaco, Rose St. Louis viu-se sozinha com quatro filhos para criar e vários problemas financeiros para resolver. Mas, em vez de duvidar de sua fé, em vez de guardar rancor contra Deus por lhe haver levado tão cedo o homem amado, ela recorreu a Ele em busca de coragem e orientação.

Para chegar a Deus, Rose St. Louis não tomou um caminho direto. A exemplo de tantos outros cristãos na história da Igreja Católica, ela preferiu aproximar-se de Deus mediante o auxílio de um santo. "São José foi o chefe da família de Deus e, como eu tinha acabado de perder o chefe da minha família, vinha a propósito recorrer a ele", disse-me ela. "Acho que viver sem um marido e tendo de criar quatro filhos é coisa tremendamente difícil, e São José me ajudou muito a tomar as decisões corretas, dando-me orientação nas questões do cotidiano para que eu pudesse criar bem os meus filhos." Ela me contou que, sem a presença e o apoio de São José, talvez não tivesse conseguido. Hoje, ela ainda reza a São José quando precisa de alguém que a ouça com carinho e compaixão. Ele se tornou seu amigo de todas as horas e seu guia espiritual.

São José, esposo de Maria, é o santo padroeiro da Áustria, da Bélgica, do Canadá, do México, do Peru e do Vietnã. É invocado contra o comunismo e contra as dúvidas. Costuma-se enterrar uma imagem sua nos quintais das casas postas à venda para acelerar a conclusão do negócio.

(Michael O'Shaughnessy)

A grande mística Santa Teresa de Ávila também considerava São José seu amigo especial. "Não me lembro de até hoje ter-lhe pedido algo que ele não me tenha concedido", disse ela certa vez. "É surpreendente o número dos grandes favores que Deus me concedeu através da mediação deste santo bendito, os perigos espirituais e físicos de que me livrou. O Senhor parece ter dado aos outros santos a graça de serem de auxílio em uma determinada necessidade, ao passo que, no caso deste glorioso santo, sei por experiência que ele nos ajuda em todas as nossas necessidades."

São José é apenas um dos mais de quatro mil santos a quem os homens e mulheres têm recorrido em busca de orientação e inspiração na vida. O veterano escritor e editor William Nichols considera Santo Antônio de Pádua seu amigo. William sofreu a perda de sua esposa, Mariethe, em 1988, depois de quatro anos de dolorosa luta contra o mal de Alzheimer. "Mesmo quando tudo ainda estava bem", escreve ele, "ambos tínhamos o hábito de passar na catedral de São Patrício, em Nova York, para conversar com Santo Antônio. Naquela época, falávamos sobretudo dos problemas imediatos — objetos perdidos, problemas de emprego, a venda de nossa casa em Vermont e coisas semelhantes. Na época, era pura diversão. Depois, porém, foi diferente. Durante a fase final de sua doença, via-me indo lá quase todos os dias

*A oração é como incenso que sobe aos céus
e arranca dos céus graças de alegria. Ela dá
força à alma desgarrada, devolvendo-lhe a
paz e a tranqüilidade.*

— MADRE FRANCISCA CABRINI

para acender uma vela, e sempre com a mesma prece: 'Por favor, Santo Antônio, cure a minha mulher. Mas se isso não for possível, por favor, leve-a.' E foi isso que ele fez — bem na hora em que o pior estava para começar. Agora, sem Mariethe, é como se uma força exterior me empurrasse. De modo quase automático, ainda vou até lá e acendo a minha vela. Com a minha prece, sinto-me como se estivesse realmente falando com ela — através dele. Isso me dá um sentimento maravilhoso de tranqüilidade e força."[1]

Aqueles que já sofreram a perda de um ente querido sabem do que William está falando. Embora Ken, meu irmão, já tenha morrido há quatro anos, ainda falo com ele; ainda lhe peço orientação quando não tenho certeza sobre o caminho a seguir. É como se fios invisíveis, mas inquebráveis, nos ligassem às pessoas que amamos e nos ajudassem a transpor o abismo que nos separa de nossos entes queridos já falecidos. O mesmo tipo de vínculo e de amor pode nos ajudar a vencer a distância que nos separa dos santos, que nos separa de Deus, unindo-nos a todos numa comunhão de fé. Mas essa distância não pode ser vencida sem a oração; pois a oração, segundo penso, é a ponte que nos liga a Deus.

Quase todos os santos afirmaram com convicção que a oração é o fundamento da vida espiritual. Não obstante, hoje há muitos que se sentem embaraçados em falar sobre a oração, talvez porque ela deixe claro que não temos poder sobre certas coisas — conceito inadmissível para uma cultura que preza tanto a independência e o desenvolvimento do "poder pessoal". Neste nosso mundo secularizado, a afirmação de que rezamos é tomada imediatamente como uma confissão de fraqueza, de necessidade de ajuda para chegar ao fim do dia, de incapacidade de se virar sozinho, de não ter perfeito "controle" sobre a própria vida. E nós, que rezamos, somos de fato "culpados" de tudo isso; mas aqueles que não rezam também o são. Afinal, ninguém possui controle absoluto sobre a própria vida. Todas e cada uma das criaturas precisam do sustentáculo divino para sobreviver. Não temos controle sobre as marés, os ventos, as chuvas, nem sobre qualquer das estrelas ou planetas de nossa rodopiante galáxia. A verdade é que a vida é caprichosa, frustrante e desconcertante, e os grandes santos e visionários místicos nunca deixaram de realçar esse fato. A mudança e os desafios constantes são as únicas coisas com que podemos contar.

Além daqueles que vêem na oração uma manifestação de fraqueza, há outros que sequer consideram a possibilidade de rezar, enquanto correm cegamente atrás das riquezas, da beleza, da fama ou do poder. Soren Kierkegaard chamou a essa inconsciência espiritual de "tranqüilização pelo banal", e o nosso mundo está repleto de "buscas banais". Os publicitários fazem hora extra para nos manter tranqüilos, para impedir-nos de meditar, contemplar e rezar; para impedir-nos de constatar que não precisamos de um carro novo, de cortinas novas, de casa nova, de cara nova ou de uma viagem a Paris para encontrar um significado e objetivo mais profundos para nossas vidas.

O padre Henri Nouwen, um dos mais ponderados escritores religiosos contemporâneos, indica outra razão pela qual as pessoas têm tanta dificuldade para praticar e falar sobre a oração:

Aquilo que está mais perto de nós é o mais difícil de exprimir e explicar. Isso não vale somente para os amantes, os artistas e os equilibristas, mas também para aqueles que oram. Conquanto a oração seja a expressão de um relacionamento muito íntimo, é também o assunto sobre o qual é mais difícil falar, tornando-se facilmente objeto de observações superficiais e de lugares-comuns. Conquanto seja o mais humano de todos os atos humanos, é também facilmente vista como a mais supérflua e supersticiosa das atividades.

Mas, apesar de ser difícil, *é preciso* falar sobre a oração. A vida espiritual seria impossível sem ela. É através da oração que forjamos os vínculos que nos ligam a Deus e aos seus santos, de modo a encontrar uma visão espiritual luminosa que nos clareie os caminhos.

Quase todos os santos afirmaram peremptoriamente que a oração constitui o relacionamento fundamental entre os seres humanos e Deus.

Como é maravilhoso o poder da oração!
Ela é como uma rainha que a cada instante tem
livre acesso ao rei e pode alcançar tudo quanto pede.
Para ser atendida, não precisa recitar orações
determinadas, compostas para a ocasião. Se assim
fosse, como eu teria de lastimar-me!

— SANTA TERESA DE LISIEUX

"Na oração", escreveu no século passado o bispo russo Teófano, o Recluso, "o principal é estar na presença de Deus com a alma e o coração, e permanecer incessantemente na Sua presença, de dia e de noite, até o fim da vida." No século XIV, escreveu São Gregório Sinaíta: "A oração é Deus que opera tudo em todos os homens." Para mim, isso significa que a forma mais elevada de oração é a manifestação da graça de Deus dentro de nós.

A oração, portanto, é um dom e não uma busca. O objetivo da oração é aproximar-nos de Deus, pois quanto mais próximos estamos Dele, tanto mais nos nutrimos de alimento espiritual. Quando estamos próximos de Deus, a felicidade preenche o nosso ser. No entanto, se buscássemos essa proximidade com Deus apenas para ser felizes, não só não nos aproximaríamos de Deus como também não encontraríamos a felicidade. Esta só pode nascer da nossa disposição de nos colocarmos diante do Altíssimo e dizer com toda a sinceridade: "Seja feita a Vossa vontade." Dizer isso com o coração equivale a abrir a porta da bem-aventurança espiritual. É também a chave para compreender os santos, pois eles concordam que a forma mais elevada de oração não se caracteriza tanto pelos pedidos de ajuda quanto pelo humilde pedido de clareza de visão e orientação espiritual que nos ajude a lidar com os difíceis desafios que surgem a todo momento na vida cotidiana.

Os grandes santos propuseram muitas maneiras de rezar. Para os monges intelectuais do século XVII, a oração era estruturada e rigorosa; exigia-se a recitação de longas preces em diversas horas específicas do dia e da noite. Já para o Padres do Deserto, do século IV, o processo

Thomas Merton, monge que escreveu muitos livros bastante conhecidos sobre a oração e a vida contemplativa.
(Thomas Merton Studies Center)

era mais simples. O eremita São Macário, por exemplo, explica seu estilo de rezar em linguagem igualmente despojada: "Não é preciso usar muitas palavras. Basta erguer as mãos e dizer: Senhor, tem piedade de mim, como é teu desejo e como tu bem sabes! E se o inimigo vos apertar, dizei: Senhor, vem em meu auxílio!" As orações de São Macário eram despojadas ao extremo, em harmonia com as paisagens desérticas que ele percorria tão livremente. Outra forma de prece que ele costumava praticar chamava-se salmodia e consistia tão-somente na repetição contínua de um pequeno trecho das Escrituras, o mais popular dos quais era a prece do publicano: "Senhor Jesus Cristo, Filho de Deus, tem piedade de mim, pecador!"

Cada era espiritual desenvolveu seus próprios métodos de oração. Um deles dá ênfase ao silêncio; outro, ao estudo das Escrituras. A meditação pode ser essencial para alguns, ao passo que outros encontram na pobreza e na evangelização os caminhos que levam à verdadeira oração. O método que exerce mais atração sobre muitos mestres espirituais do presente é a chamada "oração do coração", que consiste simplesmente em encontrar a prece que mais nos pertence, aquela com que mais nos identificamos, aquela que nos possibilita entrar no fundo do nosso coração até chegar perto do centro do nosso eu verdadeiro. A partir desse profundo senso de autoconhecimento, conhecimento que vem do coração, somos finalmente chamados a ir além de nós mesmos, a ir a Deus, o centro mais profundo da integridade espiritual.

A oração do coração funda-se numa tradição espiritual chamada hesicasma, a qual remonta ao século V, quando era praticada nos mosteiros do Monte Sinai. A palavra *hesychia* é derivada da palavra grega que significa "resposta"; o hesicasta, portanto, era a pessoa que respondia ao chamado de Deus em estado de perfeita oração. Na tradição do deserto, o hesicasta era um monge, uma pessoa que vivia isolada, no silêncio e na oração. O monge trapista Thomas Merton, que viveu neste século, foi quem mais contribuiu para o renascimento das tradições hesicastas na época atual. "Invocar o nome de Cristo 'no coração'", escreveu ele certa vez, "equivale a recorrer a Ele com a mais profunda e sincera intensidade de fé, manifesta pela concentração de todo o ser do orante sobre uma prece despojada de tudo o que não é essencial e reduzida a nada mais que a invocação do Seu nome, aliada a um simples pedido de ajuda."

Todos os santos concordam que a grande maioria das pessoas está cheia de ódio e, logo, despreparada para uma oração séria. Jesus disse: "Vai primeiro fazer as pazes com o teu irmão, e depois virás apresentar a tua oferta" (Mateus 5: 23-24). Logo, o primeiro obstáculo à oração é o ódio; o único remédio, o perdão. Embora isto seja relativamente fácil de entender, é difícil de praticar, pois todos nós guardamos raiva de injustiças de que fomos vítima em algum momento do passado. Ter sido despedido sem razão, ridicularizado por um amigo, maltratado pelos pais — essas coisas tendem a fazer domicílio no fundo do nosso ser, atribulando nossos corações como chagas purulentas até adquirirmos a coragem de perdoar. Os santos acreditavam que os pensamentos de raiva e a recusa de perdoar levantam uma barreira entre nós, entre os nossos entes queridos e o nosso Deus, lembrando-nos de que o crescimento espiritual não ocorre no vazio. Os vínculos que existem entre nós são tão importantes quanto os que existem entre nós e o nosso Deus, a tal ponto que o próprio Deus nos exorta a purificar, através do ato do perdão,

Madre Teresa rezando o terço.
(AP Wide World Photos)

os vínculos que nos ligam à família, aos antigos inimigos, aos superiores e a nós mesmos.

Uma vez livres das constrições da raiva, podemos aquietar a mente e começar a rezar num estado de silenciosa solidão. Infelizmente, o silêncio é um conceito perturbador para o homem moderno. Pense um pouco: existem verdadeiros momentos de silêncio na sua vida? Provavelmente, não. Mas, para se concentrar na oração, é preciso entrar num oásis de quietude. Disse São Basílio: "Quando a mente não mais se dissipa em meio às coisas externas nem se dispersa pelo mundo através dos sentidos, ela volta a si mesma; e por si mesma se eleva ao pensamento de Deus." O objetivo do silêncio é abrir espaço para que Deus nos fale.

Técnica muito usada pelos santos para aquietar a mente é a concentração numa única idéia ou visão, como o Amor, Deus ou o nome de um santo de que se goste. Quando nossos pensamentos se reúnem dessa maneira, a tagarelice interior desaparece e sobra-nos um calmo vazio. São Simeão, o Novo Teólogo, que viveu na Idade Média, descreveu o processo da seguinte maneira:

Senta-te sozinho e em silêncio. Baixa a cabeça, fecha os olhos, expira suavemente e imagina-te olhando para teu próprio coração. Conduza tua mente, isto é, os teus pensamentos, da cabeça para o coração. Enquanto expiras, dize: "Senhor Jesus Cristo, tem piedade de mim." Dize-o movendo delicadamente os lábios, ou dize-o no espírito. Tenta deixar de lado todos os pensamentos. Sê calmo, sê paciente e repete com freqüência todo o processo.

Ao olhar para além dos confins da nossa mente, logo descobrimos um nível mais elevado de oração que ultrapassa as necessidades da nossa vida cotidiana. Essa experiência da verdadeira oração, de Deus, nos liberta do pensamento convencional e nos abre a porta da sabedoria transcendente e da realização espiritual. Basta olhar para a vida dos maiores santos da história, sobretudo os místicos, para saber que o ir além do ego e o chegar a Deus estão muito ao nosso alcance.

À primeira vista, a oração pode parecer uma coisa complicada; na verdade, porém, ela não é nada mais que a prática de abrir o coração ao mistério de Deus — e deixar que esse mistério nos encha de amor. Santa Teresa de Ávila nos lembra que "A oração é um exercício de amor, e seria errado pensar que, não havendo tempo para a solidão, não há oração possível". A oração deve ocupar lugar central na vida de qualquer leigo que tenha interesses espirituais, e pode ser oferecida por qualquer pessoa, a qualquer tempo e de qualquer modo, esteja ela onde estiver; é necessário apenas que seja oferecida com sinceridade e amor. Não é preciso ser um eremita no deserto ou um monge fechado num claustro para rezar com sinceridade, intensidade e eficácia. Tudo o que é preciso é deixar de lado o orgulho e a cólera e elevar os olhos para o céu com humildade, reverência e esperança. Como diz Madre Teresa de Calcutá, "Ama a oração — durante o dia, sente muitas vezes a necessidade de orar e dá-te ao trabalho de fazê-lo. A oração faz crescer o coração, até que ele seja capaz de conter o dom que Deus nos faz de Si mesmo. Pede e procura, e teu coração se tornará grande o suficiente para recebê-Lo e conservá-Lo como teu".

Embora uma declaração tão corajosa de fé em Deus, em Seus santos e na oração não seja bem-vista em certas rodas, que maneira de viver pode ser melhor que a aceitação da verdade de que somos todos dependentes de Deus e unidos entre nós pelo Seu amor — os homens às mulheres, as mães aos filhos, os amigos aos inimigos, os homens que ainda caminham sobre a Terra aos santos? É preciso apenas abrir o coração a essa feliz união espiritual para sentir que esses laços existem e receber as graças que nos chegam através da comunhão dos santos.

2

MILAGRES DO COTIDIANO
Casos Reais de Eficácia da Oração

*D*iz-se que São Gotardo, não encontrando lugar adequado para pendurar seu casaco, pendurou-o num raio de sol. E que Santa Sabrina entendia a linguagem dos pássaros e podia ser vista pregando-lhes um sermão, nota por nota. São Kenneth, em missão na Escócia, fez o sinal da cruz quando um assaltante ameaçou matá-lo com a espada e a mão do agressor paralisou-se. Santa Rita de Cássia foi alimentada por abelhas quando bebê e Santa Brígida da Irlanda pedia, e conseguia, que as árvores lhe produzissem frutos, os fornos lhe dessem pão assado e as galinhas lhe pusessem ovos.

Essas coisas são milagres ou não passam de licença poética de biógrafos admiradores? Acho difícil dizer. Tenho a impressão de que cada um deve determinar por si mesmo o que é milagre e o que é mera coincidência. Certa vez, um eminente biólogo disse a meu marido que os milagres, assim como o próprio conceito de Deus, não passam de ficções infantis criadas por pessoas descontentes com a vida. Para esse homem de razão, "não existe nada além da ciência". Émile Zola, ateu devoto, passou grande parte de sua vida procurando provar a inexistência de milagres e resumiu sua opinião nas seguintes palavras: "Mesmo se eu visse um milagre, não acreditaria nele." Todos já encontramos pessoas assim; estão cheias de orgulho e certeza, convencidas de que o método científico pode explicar todo e qualquer fato "milagroso". Essas pessoas guiam suas vidas quase exclusivamente pela razão, e não pela fé. Não compreendem os milagres, enfim, porque não compreendem a fé. Não obstante, como declarou Louis Pasteur com grande penetração, "um pouquinho de ciência afasta os homens de Deus; muita ciência leva-os de volta a Ele". O maior cientista do século, Albert Einstein, foi uma pessoa humilde e religiosa que escreveu certa vez que "o sentimento religioso cósmico é o motivo mais forte e mais nobre da pesquisa científica".

Na minha opinião, os milagres não só ocorrem regularmente como têm um objetivo muito importante. Eles se manifestam no mundo para nos lembrar da presença da Divindade e do vínculo inegável que nos liga, através de Seu amor, a toda a Criação. Cada um de nós, a cada dia da nossa vida, está embebido em alguma partícula de graça, com alguma centelha divina; por isso, a nossa própria vida é um milagre. Caso se esqueça disso, é impossível sentir gratidão pela vida; sem gratidão, é impossível conviver alegremente com a criação; sem alegria, é difícil amar, árduo honrar a Deus e quase impossível conservar a fé.

É possível que a maior lição que os santos tenham a nos ensinar nos dias de hoje seja que o verdadeiro milagre consiste em conservar a fé, mesmo quando nossas orações não são atendidas. Sem a fé, os milagres são fatos vazios; sem ela, ficamos cegos ao próprio milagre da vida que se renova a cada dia. "A vida toda é um milagre", escreveu Ralph Waldo Emerson. "Nós somos a maior maravilha que existe. Creio

Santa Rita de Cássia, que foi recebida no convento agostiniano de Cássia depois da morte de seu marido, é a advogada das causas difíceis. No Novo México, ela é freqüentemente invocada para segurar os maridos em casa.

(Museu de Arte de Denver)

em milagres, porque sou capaz de levantar o meu braço; creio neles porque sou capaz de me lembrar das coisas. Creio, porque falo e tu consegues entender-me; creio na manifestação de um poder maior porque eu mesmo sou essa manifestação. Nas vinte e quatro horas do dia, não há um só minuto que não seja cheio de milagres." Nem todos temos a visão e a fé de um Emerson. Se não tomamos cuidado, os milagres passam despercebidos à nossa volta.

A mensagem principal da vida dos santos é que todos podemos viver de maneira milagrosamente plena se nos dispusermos a imitar o coração generoso de Deus. Os milagres existem de fato, e concordo com Emerson em que o maior de todos os milagres é a capacidade de descobri-los na vida cotidiana. O prazer que sinto ao contemplar um colorido pôr-do-sol é um milagre — o milagre da beleza. O prazer de beber um bom copo de vinho é um milagre — o milagre do sabor. E a alegria de estar ao lado da família é, sem dúvida, o maior dos milagres — o milagre do amor.

É verdade que muitas vidas de santos estão repletas de milagres que eles operaram ainda vivos e depois de mortos, mas o maior milagre foi a sua inabalável fé em Deus e na primazia do amor. Suas vidas são um testemunho eloqüente de sua crença constante na força do amor — o amor deles por Deus e o amor de Deus por eles, através do qual tudo pode se realizar.

A dedicação perene dos santos ao serviço de Deus é em si mesma um milagre e conclama-nos ainda hoje a ver a fé como o mais milagroso dos dons. James D. Steffes, pároco da igreja de Nossa Senhora de Guadalupe, localizada num dos bairros mais pobres de Houston, compreende esse milagre da fé. A escola da igreja, que há oitenta anos vem educando os mais pobres dentre os pobres, tem um orçamento anual de 450 mil dólares, e precisa batalhar ano a ano para levantar essa quantia. Há não muito tempo, o dinheiro que a escola tinha no banco estava se esvaindo e as contas não paravam de chegar, fazendo com que o padre Steffes temesse pelo futuro da instituição. Foi então que ele começou a rezar a Nossa Senhora de Guadalupe para que ela o ajudasse a manter a escola em funcionamento. Suas preces foram ouvidas. Eis a história que ele nos conta:

"Certo dia, às cinco horas da manhã, o som da campainha me acordou. Meti a cabeça para fora de minha janela, no segundo andar, e perguntei quem era. Um velhinho me disse que tinha algo importante

para me dizer. Então vesti o roupão, desci e o fiz entrar na sala de visitas para saber do que se tratava.

"Ele me contou que estava cavando um buraco no seu quintal para enterrar uma pilha de tijolos feios e sem serventia. Quando estava terminando de abrir o buraco, sua pá bateu em alguma coisa dura que soltou um som metálico. Ele desenterrou uma velha caixa de metal. Abrindo-a, encontrou muitas notas de cem dólares, algumas das quais já estavam quase totalmente apodrecidas. Guardou algumas para si e me trouxe o resto, dizendo que queria dá-las a Nossa Senhora de Guadalupe. Não queria que outras pessoas soubessem do acontecido, com medo de que, nesse caso, alguém lhe pudesse fazer violência só para cavar em seu quintal em busca de mais dinheiro.

"Bem, levamos o dinheiro à Reserva Federal. Eles verificaram que não se tratava de dinheiro roubado e nos mandaram um cheque de US\$9.500 em troca das notas, inclusive das que já estavam quase podres.

"Se Nossa Senhora quer que a sua escola continue funcionando por mais de oitenta anos no meio da pobreza de Houston, ela ajuda velhinhos a encontrar caixas de dinheiro no quintal para dar à sua igreja. Por isso, já faz tempo que parei de me preocupar com as contas. Ela cuida disso muito bem."

Como o Padre Steffes, centenas de pessoas me contaram histórias de como um santo predileto lhes atendeu as preces. Como não posso reproduzir todas essas histórias maravilhosas — coisa que eu gostaria muito de fazer —, escolhi algumas para contar a você aqui. Elas se enquadram em quatro categorias: Pedidos de Orientação, Curas, Causas Perdidas e Objetos Perdidos.

De acordo com a lenda, Nossa Senhora de Guadalupe apareceu a um homem chamado Juan Diego e o mandou duas vezes à Cidade do México para pedir ao bispo que construísse uma igreja em sua honra. O bispo rejeitou os pedidos. No terceiro dia, Juan Diego não pôde visitá-lo porque teve de cuidar de um tio doente. No quarto dia, Nossa Senhora apareceu novamente, oferecendo rosas milagrosas a Juan Diego, imprimindo sua imagem no poncho dele e curando-lhe o tio. Tais fatos milagrosos identificaram a Senhora de Guadalupe com a Virgem Maria.

(Presente da Historical Society of New Mexico, Museu do Novo México, Museu de Arte Popular Internacional, Santa Fé. Fotógrafa: Nancy Hunter Warren)

*Se Deus atender a meus desejos, passarei meu
céu na terra até o fim dos tempos. Sim, passarei
meu céu fazendo o bem na terra!*

— SANTA TERESA DE LISIEUX

PEDIDOS DE ORIENTAÇÃO

A vida não é fácil, e poucos negariam esse fato. Somos afligidos por problemas de saúde, problemas profissionais, familiares e emocionais. Mesmo quando não enfrentamos problemas grandes e evidentes, temos de encarar os problemas menores do cotidiano. A cada dia, tomamos milhares de decisões que têm efeito drástico sobre nossas vidas. O falecido Norman Cousins costumava dizer que "Cada uma de nossas decisões tem suas conseqüências", acrescentando que "A sabedoria é a previsão das conseqüências". Mas quem é capaz de prever as conseqüências de suas decisões? Pouquíssima gente, o que talvez explique por que tantas das histórias que me contaram estavam associadas a pedidos de orientação quanto à tomada de decisões importantes.

Como saber se nossos pedidos de orientação estão sendo atendidos? Como ter certeza de que estamos optando pelo melhor? Não há resposta simples para estas perguntas; embora a oração possa orientar-nos os pensamentos e ajudar-nos a deixá-los mais claros, ainda assim cabe a cada um de nós decidir como responder às luzes que nos vêm na oração. Para saber como reagir, talvez convenha observar como você se sente em face das respostas que obtém na oração: ao pensar na resposta que recebeu, você tem um sentimento de calma, de certeza e de ausência de medo? Ou o sentimento é de perturbação, de confusão e conflito interior? Quando me sinto calma e sem medo diante da resposta que a oração me deu, considero ser esse o correto curso de ação a seguir; quando sinto perturbação ou conflito, continuo procurando outra resposta. Quando corretos, mesmo uma decisão ou um curso de ação difíceis podem lhe dar uma sensação de paz e de certeza.

Às vezes só precisamos de uma ajudazinha para fazer aquilo que já sabemos ser correto.

"São Francisco de Assis é o meu santo predileto", diz Marty Wolf, de Denver. "Quando trabalhava no México, costumava visitar os presos na cadeia para lhes dar qualquer ajuda que pudesse. Mas muitas vezes eu tinha medo, porque a cadeia era um lugar violento, onde tudo podia acontecer. Antes de entrar, sempre fazia uma oração a São Francisco, pedindo que ele andasse ao meu lado para que eu pudesse atender aos homens sem medo. Sempre que fazia isso, minhas visitas eram melhores para mim e para os presos. Eu sabia que não estava andando sozinho."

Outras vezes, precisamos de ajuda para resolver grandes dilemas éticos. Das histórias de gente que se viu obrigada a tomar uma decisão séria e rezou aos santos pedindo orientação, uma de minhas prediletas é a do professor John Ounan, de Maryland, que me contou o seguinte:

"Anos atrás, antes de começar a dar aulas, eu trabalhava como taquígrafo no tribunal. Naquela época, um homem muito conhecido foi preso sob a acusação de assediar as pessoas em vestiários masculinos. Numa reunião secreta, ficou decidido que o processo contra ele seria silenciosamente esquecido — isto é, quem decidiu isso foi o juiz de paz e os advogados de defesa do acusado. O promotor público do distrito, porém, não estava envolvido nessa combinação. A audiência foi marcada para um horário e um lugar pouco comuns, que sequer foram comunicados ao promotor público. O juiz de paz pôde arquivar o processo sem que o promotor pudesse fazer nada. Apesar disso, o promotor ouviu falar do acontecido e logo fez com que a pessoa fosse presa novamente.

"Depois da primeira audiência, o juiz de paz me chamou e pediu que eu escrevesse um 'rascunho' da audiência, pois ele queria ocultar seu envolvimento na tentativa de livrar o acusado. Bem, não sei se você sabe que, ao relatar os procedimentos de um processo, não se pode fazer um 'rascunho'. Ou se relata textualmente o que foi dito ou não se faz absolutamente nada. Eu me vi diante de um verdadeiro dilema moral: ou vou contra a minha ética, escrevendo esse rascunho, e depois enfrento as acusações do promotor; ou registro a audiência tal e qual a testemunhei, e corro o risco de perder o emprego.

"Nessa noite, fui para casa e perguntei à minha mulher o que eu devia fazer. Ela disse: 'O que São Tomás More faria?' São Tomás é o padroeiro dos advogados e juristas. Por isso, fui até uma capela das redondezas e rezei pedindo-lhe orientação. Foi como se ele estivesse estado ao meu lado durante as duas horas e meia que passei orando. No fim, já sabia o que fazer. Foi como se ele tivesse conversado comigo naquela capela.

"Na manhã seguinte, cheguei ao trabalho e escrevi uma transcrição textual da audiência. Fui despedido no dia seguinte. Mas São Tomás havia me orientado a relatar a verdade, a agir com ética, e é isso o que eu venho tentando fazer desde então."

Todos sabem que os dilemas morais surgem em diversos tamanhos e formatos — não há nenhum igual a outro. O padre Bill Sanchez, de Bernalillo, Novo México, viu-se às voltas com a difícil tarefa de decidir entre atender às necessidades de seus jovens paroquianos ou dar à sua mãe um presente de aniversário. Ele tinha a certeza de que não poderia fazer ambas as coisas; com a ajuda dos santos, porém, constatou com alegria que estava equivocado. Eis a sua história:

"Quando jovem de quase vinte anos, eu era muito envolvido com a pastoral da juventude católica. Certa vez, eu estava trabalhando num programa chamado Busca da Maturidade Cristã, durante um retiro de fim de semana para jovens de dezesseis a vinte e dois anos de idade. Mas, naquele ano, o retiro coincidia com o aniversário de minha mãe, ocasião que eu sempre aproveitara para lhe comprar belas rosas. Naquele ano, eu estava com pouco dinheiro e queria comprar alguns rosários para distribuir aos jovens durante uma palestra que eu ia fazer sobre a força da oração. Mas eu não podia comprar os rosários e as rosas. Então, falei com minha mãe sobre o meu dilema, e ela, como não podia deixar de ser, disse que os rosários eram mais importantes.

"Pouco tempo depois, eu estava em casa preparando a minha palestra e pedindo orientação aos santos, quando deparei com uma citação tirada da obra de São Luís Grignion de Montfort. Era a seguinte: 'Cada conta do rosário é semelhante a uma rosa que se oferece à Mãe Santíssima.' Eu tinha acabado de escrever essa frase quando minha mãe chegou do trabalho. Ela me perguntou: 'Onde estão as rosas? Onde você as escondeu?' Fiquei surpreso e disse a ela que não havia comprado rosa alguma, e ela demorou para acreditar em mim. Ela me disse que, quando abrira a porta de casa, tinha sentido de repente um cheiro muito forte de rosas. Eu lhe contei sobre o que estava escrevendo e sobre a citação que tinha acabado de ler, e ambos entendemos que o que havia acontecido era uma mensagem especial de amor da parte de Nossa Senhora e de São Luís."

PEDIDOS DE CURA

A maioria das pessoas prezam muito o dom da vida e desejam vivêla da maneira mais plena e vigorosa possível; por isso, não fiquei surpresa ante o fato de um grande número dos casos reais que reuni dizerem respeito a curas de diversos tipos, obtidas pela intercessão dos santos. O que me surpreendeu foi que a imensa maioria de homens e mulheres com quem falei estavam absolutamente convencidos de que a responsabilidade pela cura cabia tanto a Deus e aos médicos quanto a eles próprios. Em outras palavras, estavam convencidos de que precisavam conservar uma atitude esperançosa e positiva para ajudá-los no processo de cura. Por isso, a maioria dos homens e mulheres com quem conversei não recorriam aos santos de sua predileção simplesmente em busca da cura para seus problemas de saúde, embora fosse esse o principal objetivo último; eles buscavam a fé e o apoio necessários para ajudá-los no processo de cura. Foi esse o caso de Georgia Photopulos, de Northbrook, Illinois, que me contou a seguinte história:

"Há muitos casos de câncer na minha família e, por isso, não fiquei muito surpresa ao ficar sabendo, no meu décimo aniversário de casamento, que eu tinha câncer no seio. Isso não deixava de ser uma ironia, porque tudo o mais estava indo muito bem na nossa vida. Meu marido e eu nos amávamos — sempre dizíamos que formávamos o par perfeito — e tínhamos filhos maravilhosos. Meu marido acabara de ser nomeado correspondente da rede ABC, coisa com que ele sonhava há tempo, e tudo parecia perfeito. Isso foi em 1968.

"Depois de extrair um dos seios, eu estava fazendo terapia de radiação no hospital local, e conversei por acaso com um homem da nossa igreja, que estava lá com a filha. Mais tarde eu o vi na igreja, e ele me perguntou o que eu estivera fazendo no hospital. Quando lhe falei, ele chorou na minha frente.

"Na semana seguinte, ele estava à nossa espera no hospital e disse que tinha uma coisa para me dar. Era uma relíquia de São Nectário, santo padroeiro dos doentes de câncer na tradição da Igreja Ortodoxa Grega. São Nectário viveu neste século, e aquele homem havia convivido com ele na Grécia. Ele tinha grande fé na sua intercessão, e por isso me recomendou insistentemente que eu rezasse pedindo a sua ajuda.

"Guardei a relíquia e rezei, pedindo a São Nectário força para não desanimar. Só pedi a graça de sobreviver e a coragem de agüentar o meu câncer. Também lhe prometi que, se continuasse viva, ajudaria toda pessoa doente e agonizante que cruzasse meu caminho pelo resto da minha vida. Depois disso, embora tenha tido várias recorrências de câncer — inclusive um tumor cerebral benigno —, eu sobrevivi. Na verdade, atualmente me sinto mais sadia que muitas pessoas saudáveis. Mas não esqueci a minha promessa, e envolvi-me a fundo com a criação de uma rede de apoio emocional para doentes de câncer. Meu trabalho, inclusive, levou a Sociedade Americana do Câncer a custear a instalação do primeiro serviço telefônico de atendimento a doentes de câncer, que funciona vinte e quatro horas por dia e é um protótipo para todos os Estados Unidos. Nunca deixei de trabalhar para os doentes e hoje formo pessoas para trabalhar nesse serviço telefônico. Através disso tudo, São Nectário permanece ao meu lado como a minha luz e o meu guia."

Caso particularmente notável de cura ocorreu com o falecido William T. McNabb, que em 1935 foi em peregrinação ao Canadá para visitar o santuário de Santa Ana de Beaupré. Quem me contou o caso foi sua neta, Connie St. Louis, de Denver.

"Meu avô sofreu quase toda a vida de uma forte dor de cabeça, cuja causa era desconhecida. Chegou ao ponto de ficar dois anos afastado do trabalho por causa da dor. Os médicos lhe propuseram uma última tentativa de acabar com a dor de cabeça através de uma operação para limpeza dos sínus; naquela época, porém, o resultado da operação não era conhecido e eles não lhe deram muitas esperanças.

"Em vez de fazer a operação, meu avô decidiu fazer uma peregrinação de sua casa, em Minnesota, até o santuário de Santa Ana de Beaupré, no Quebec, rezando para pedir ajuda, força e orientação espiritual. Evidentemente, ele queria ser curado; mas, se isso não fosse possível, ele pedia a força para resignar-se. Viajou de trem ao lado de muitos outros peregrinos e, quando chegaram, foram para a missa com o sacerdote. Havia missa de manhã bem cedo e depois ao meio-dia, e meu avô assistiu às duas. No dia seguinte, quando o sacerdote elevou a hóstia durante a missa do meio-dia, meu avô de repente sentiu-se muito comovido. Como não queria que alguém o visse chorar, tirou seu lenço do bolso e o colocou sobre os olhos. Enquanto chorava, olhou para o lenço, e viu que estava empapado de sangue. O homem que estava ao lado de meu avô ficou assustado e lhe deu seu lenço também. Mas quando meu avô colocou este lenço sobre os olhos e depois olhou para ele, viu que não tinha uma gota de sangue. Nesse instante, a dor que meu avô tinha nos sínus desapareceu por completo — e nunca mais voltou.

"Todos se juntaram ao redor do meu avô, louvando o milagre que tinha acabado de acontecer. Chegaram até a guardar o seu lenço cheio de sangue num escrínio ao lado do santuário, como testemunho físico do milagre que Santa Ana havia operado. Minha mãe nasceu três semanas depois, e eles lhe deram o nome de Bridget Elaine Anne, por causa de Santa Ana."

Susan Solano Lopez, de Westminster, Colorado, atribui à intercessão da Virgem Maria o fato de ter resistido aos estragos provocados pelo mal de Crohn. Embora Susan não tenha sido completamente curada da doença, ela crê que a Virgem lhe deu a fé e a força necessárias para conviver com sua dolorosa enfermidade. Eis o que ela me contou:

"Em 1981, fui internada no hospital por causa do mal de Crohn, uma doença degenerativa que ataca o intestino delgado e não tem cura conhecida. Nesse ano, cheguei ao Hospital São Francisco, em Wichita, depois de já ter sido hospitalizada duas vezes com acessos da doença. Desta vez, os médicos tinham a certeza de que no meu intestino havia uma pequena obstrução infeccionada. Eu estava com 41 graus de febre e uma contagem elevada de glóbulos brancos, e tudo parecia sombrio.

Para mim, cada hora do dia e da noite é um milagre. Cada centímetro cúbico de espaço é um milagre.

— WALT WHITMAN

"Lembro-me de que uma enfermeira entrou no quarto e me deu um escapulário, dizendo que a Madre Superiora do hospital queria que eu o usasse. Ele tinha estampada uma imagem da Virgem Maria. Agradeci, coloquei-o imediatamente em volta do pescoço e comecei a rezar à santa. A partir desse momento, comecei a me sentir melhor. Quando meu marido entrou no quarto, mostrei-lhe o escapulário e me despedi. Ele ia buscar minha mãe, que estava chegando de avião do Colorado. Quando saiu, vi em seus olhos que estava preocupado. Instintivamente, agarrei o escapulário e comecei a rezar à Virgem Maria.

"Enquanto rezava, tive uma sensação de que ia me 'levantar' e 'arrebentar'. Não há como explicar; só posso dizer que, quando eu era criança, gostava de cortar bolas de beisebol para ver as câmaras de borracha arrebentarem dentro delas. Foi o que aconteceu comigo — alguma coisa de repente 'arrebentou'. Quando me dei conta, estava flutuando no ar acima da minha cama. Lembro-me de olhar para baixo e ver meu corpo todo encolhido, deitado na cama. Depois, olhei para uma pintura pendurada na parede, que eu havia achado bonita. Era um rio atravessando um campo. Quando olhei para ela desta vez, ao contrário das outras vezes, vi na pintura um homem cujo rosto eu não conseguia discernir. Ele estava acenando para que eu fosse até lá, e tive a forte vontade de entrar na pintura e ficar com ele.

"Naquele momento, desapareceu a dor que eu sentia no abdome, uma dor que me deixava quase inválida. De repente, me senti muito calma e tive a certeza de que fora curada. Vi-me de volta ao meu corpo. Então, fiquei de pé — sem notar a agulha de soro que tinha no braço — e avancei em direção à porta do quarto. A enfermeira me parou e me perguntou o que eu estava fazendo. Disse-lhe que estava indo para casa, que tinha sido curada. Ela me levou de volta à cama e só então eu reparei que havia sangue nos lençóis, por causa do equipamento de soro que eu havia arrancado do braço.

"Comecei a lhes dizer que eu estava curada, mas eles não acreditaram em mim e começaram a falar comigo como se eu estivesse bêbada, louca ou coisa desse tipo. Nesse instante, meu marido e minha mãe entraram e estavam visivelmente preocupados. Quando vi que estavam duvidando, fiquei imediatamente assustada e comecei eu mesma a du-

A Virgem e o Menino com Santa Ana, a mãe de Maria. Sua festa é no dia 26 de julho.
(Museu de Arte de Denver)

vidar do que havia acontecido. Mas recuperei rapidamente a fé no que havia ocorrido e me acalmei.

"Mais tarde, os exames mostraram que a infecção que me levara ao hospital de fato havia desaparecido, mas o mal de Crohn permanecia. Isso, porém, não me desencorajou. Não sei por que Deus deixou a doença, mas eu disse a meu marido que Ele opera de maneira misteriosa. Saí do hospital poucos dias depois, mas minha vida mudou para sempre. Embarquei numa busca espiritual que me levou a trabalhar como voluntária na escola do bairro e a começar a fazer parte de um grupo de oração e de um grupo de estudos bíblicos. Minha vida ficou muito mais intensa e cheia de significado.

"Em 1983, por fim, fiz uma cirurgia no intestino para eliminar a doença. Depois da operação, os médicos me disseram que ficaram abismados ao ver que, por dois anos, eu vivera uma vida tão plena apesar de ter o intestino praticamente inoperante. Mas eu não fiquei abismada. Minhas orações à Virgem Maria foram atendidas. Foi ela que me deu força. Encontrei uma fé que desde então não me deixou.

"Depois disso, a doença voltou, embora já venha perdendo a força há alguns anos. Minha vida ainda é cheia de sentido, e nunca me esqueço daquele instante, no hospital, em que passei por uma conversão espiritual tão forte. Fui salva pela fé, e foi esse o meu milagre."

Como mãe dedicada de um menino de quatro anos, senti-me especialmente atraída pela história de Carol Orlowski, de Dearborn Heights, Michigan. Carol levara sua filha de três anos ao médico e ficara sabendo que a menina sofria de uma surdez nervosa que pioraria progressivamente, até deixá-la completamente surda. Desolada com o diagnóstico do médico, Carol começou imediatamente a rezar a Santa Ana, pedindo a cura por sua intercessão junto a Deus.

"No fim de semana seguinte ao desolador diagnóstico, viajamos em férias para Ontário. Calhava de haver uma igreja dedicada a Santa Ana na cidade, e fomos para lá para assistir à missa de domingo. Quando me levantei para receber a comunhão, me senti dominada por uma fraqueza extrema, e nesse momento simplesmente tive a certeza de que minha filha fora curada. Contei a meu marido o que me havia acontecido, mas ele não soube o que dizer.

"Duas semanas depois, voltamos com nossa filha ao mesmo médico, que não encontrou nenhum sinal da surdez nervosa que antes havia diagnosticado. Ele não sabia como explicar o acontecido, mas ficou feliz em declarar que nossa filha estava em perfeita saúde. Depois disso, ela nunca mais teve problemas de audição. Creio firmemente que foi através da intercessão de Santa Ana que ela foi curada."

Tom O'Connell, bombeiro aposentado de Chicago, encontrou seu milagre de fé mediante a intercessão de São Patrício e do Padre Pio. Em 1971, tendo sete filhos para sustentar, a saúde de Tom deteriorou-se a ponto de ele não poder continuar a trabalhar na equipe de resgate do corpo de bombeiros. Eis o que ele me contou:

"As coisas pioraram muito rápido, e meu médico, por fim, diagnosticou um distúrbio neuromuscular para o qual não há cura. Entrei e saí da Clínica Mayo diversas vezes e, nesse processo, contraí diabetes por causa dos medicamentos que estava tomando. Fiquei tão doente que acabei preso numa cadeira de rodas. Em 1975, meu peso, que costumava ser de 79 quilos, caíra para 50 quilos.

"Numa última tentativa, me internei no hospital com a intenção de tomar um medicamento experimental. Mas, antes de tomar o medicamento, os médicos tinham de extrair uma mostra de medula óssea para saber se o meu tipo era compatível. Bem, eles enfiaram uma agulha na minha espinha para extrair a amostra e, na hora em que a tiraram, soltei tamanho

Padre Pio foi um sacerdote capuchinho muitíssimo popular, que levou os estigmas de Jesus por cinqüenta anos e morreu em 1968. Embora não seja ainda canonizado, muitos o consideram um santo. Grupos de oração que se dedicam a invocar sua intercessão existem pelo mundo inteiro.

(Giovanni Rotondo, Maryknoll Fathers)

grito de dor que acho que conseguiram ouvi-lo lá do elevador. Mas, nesse instante, a sala ficou cheia de um cheiro de incenso. O tempo todo, eu estivera rezando a São Patrício e ao Padre Pio para que me ajudassem.

"No fim, meu tipo não era muito adequado ao medicamento, e eles me mandaram para casa sem me dar muitas esperanças. Só me restavam as preces a São Patrício e ao Padre Pio. Seis meses depois, eu havia ganho quase trinta quilos e já estava bom o suficiente para voltar ao corpo de bombeiros. E as coisas continuam melhorando. Formei-me na universidade, concluí meu mestrado e, em 1985, me aposentei do corpo de bombeiros em plena saúde. Há cinco anos que sou diretor da Liga Católica de Chicago. Creio firmemente que fui curado pela intercessão de São Patrício e do Padre Pio."

CAUSAS PERDIDAS

O santo padroeiro das causas perdidas é São Judas Tadeu, famoso no mundo inteiro pela sua intercessão numa variedade de situações desesperadas. A cada dia, jornais de toda parte do mundo trazem centenas de orações a esse venerando santo, embora quase nada se saiba sobre quem ele foi na realidade. Uma das histórias de que mais gosto, sobre a intercessão de São Judas, me foi contada por Grace Natale, de sessenta e cinco anos, mãe de quatro filhos adultos, que reside nos subúrbios de Denver, Colorado. Há quarenta anos que ela reza a São Judas, e me diz: "Ele nunca me decepcionou." Eis a sua história:

"Quando eu tinha trinta e seis anos, meu marido e eu já tínhamos três filhos, mas meu marido queria muitíssimo uma filha. Eu queria realizar o sonho dele, mas o meu médico me dissera que a fase fértil da minha vida já havia passado e que eu não poderia ter mais filhos. Mas, de qualquer maneira, eu rezei pedindo que pudesse ficar grávida de uma menina para realizar o sonho do meu marido.

"Certa noite, tive um sonho em que me apareceu minha avó falecida. Ela me disse: 'Eu não falei que, se você rezasse a São Judas, ele a ajudaria?' Acordei confusa, porque vinha rezando a São Judas todo aquele tempo. O que eu não sabia, na época, é que já estava grávida de dois meses de minha filha. Minha avó simplesmente me aparecera para me dizer que o meu sonho se tornara realidade. Nossa filha nasceu sete meses depois, e nós lhe demos o nome de Maria. São Judas nunca me deixou na mão. Há quarenta anos que ele tem sido fonte de orientação e ajuda em minhas orações."

É claro que nem todos rezam a São Judas para a solução de causas aparentemente desesperadas. Richard Schuler, de St. Paul, Minnesota, concluiu que São Judas talvez estivesse ocupado demais para poder ajudá-lo. Eis o que me contou, sorrindo:

"Minha teoria é a de que a gente só deve rezar a santos que não estejam muito ocupados; por isso, rezo a uma série de antigos santos mártires cujos nomes aparecem no Cânon Romano, uma oração muito antiga. Todos esses santos têm igrejas a eles dedicadas na cidade de Roma.

"Alguns anos atrás, eu queria muito ganhar uma bolsa da Fundação Fulbright, o que não é nada fácil. Eu não tinha quase nenhuma chance, mas rezei fervorosamente a esses santos mártires, pedindo sua intercessão para o caso. Prometi que, se ganhasse a bolsa, visitaria cada uma das igrejas de Roma que levam o nome desses mártires e lá rezaria. Bem, o fato é que ganhei a bolsa e depois cumpri a promessa de visitar todas as igrejas. Desde então, esses santos mártires têm sempre lugar em minhas orações, e sinto continuamente sua presença na minha vida."

O fato de haver voltado vivo das frentes de batalha da Segunda Guerra Mundial pode ser considerado um milagre dos tempos modernos, e Ulberigo Teri, de Maryland, é um testemunho vivo da força da fé e da oração. Ele me confessou que, durante a Segunda Guerra Mundial, "rezava para um santo sempre que podia".

"Talvez minha história não seja tão incomum, porque todos os que estavam metidos nas trincheiras da Segunda Guerra Mundial rezavam quase o tempo todo. As chances de sobrevivência eram mínimas, e menores ainda para mim, que servi como artilheiro da infantaria na Itália, de 1944 a 1945. Vi batalhas violentas e as pessoas caíam mortas por todo lado, mas eu não sofri sequer um arranhão. Atribuo isso à intercessão de Santo Antônio de Pádua. Veja você: minha mãe, que vinha da zona rural, me falara deste santo desde menino e me estimulara a rezar para ele quando estivesse em necessidade. Eu me lembrei de seus conselhos durante a guerra e os ponho em prática ainda hoje. Tenho uma relíquia de Santo Antônio que consegui muitos anos depois, quando viajei à Europa, e ainda a uso muitas vezes para refletir sobre a vida e as obras desse grande santo."

Santo Antônio de Pádua, santo padroeiro dos objetos perdidos, costuma ser representado com um livro, que simboliza sua grande erudição. Neste retábulo mexicano, pintado sobre madeira, o Menino Jesus aparece sentado no livro — alusão à lenda de que, quando o santo falava, o próprio Cristo deleitava-se em ouvi-lo.

(Museu de Arte de Denver)

OBJETOS PERDIDOS

Todos nós perdemos algo de vez em quando: uma chave, um relógio, documentos importantes, carteiras, bolsas... Mas o pior é quando perdemos um objeto que tem para nós um profundo significado espiritual. Esses bens tão estimados são carregados de uma energia sagrada, o que torna impossível atribuir-lhes um valor financeiro. Tenho em minha casa um objeto desse tipo: um dragão chinês de cerâmica que Kenny, meu falecido irmão, deixou a meu filho Aaron. De algum modo, esse dragão, que foi dado com tanto amor a Aaron, intensifica a lembrança de Kenny e a reveste de uma beleza especial. Sabendo qual a carga espiritual que esses objetos podem conter, senti-me especialmente atraída pela história de Deborah Howel, jornalista moradora de Washington, que perdeu a aliança de casamento que recebera de seu falecido marido. Sua história é cheia de beleza e humor:

"Meu primeiro marido morreu em 1981 de leucemia, e por vários meses eu usei sua aliança de casamento pendurada em uma corrente que levava no pescoço. Certo dia, quando estava trabalhando em St. Paul, Minnesota, alguns amigos iam praticar canoagem e me perguntaram se eu não gostaria de ir com eles. Eu disse que sim, mas não queria usar aquela aliança pendurada em uma corrente em volta do pescoço, com medo de perdê-la na água. Só que, em vez de deixar a aliança na praia, coloquei-a no bolsinho pequeno de minha calça jeans. Bem, nós nos divertimos muito no rio, mas, ao voltar para casa, descobri que a aliança não estava comigo. Fiquei histérica.

"Depois de chegar à casa naquela noite, falei por telefone com minha sogra. Contei-lhe como havia perdido a aliança e que, emocionalmente, eu estava um farrapo. Disse a ela que ia alugar um detector de metais e voltar para lá no dia seguinte para ver se a encontrava. Mas nós havíamos tirado o caiaque do rio numa margem enorme, com centenas de pessoas chegando e indo embora o dia inteiro. Todos achavam que eu era ingênua de pensar que poderia encontrar a aliança — achavam que era um caso perdido. Mas minha sogra disse: 'Ah, não, não. Você nem precisa de um detector de metais. O que você tem de fazer é rezar a Santo Antônio de Pádua, o santo padroeiro dos objetos perdidos.'

"Eu disse: 'Você está brincando!' Mas ela insistiu: 'Não, senhora! Isto é muito importante. Reze hoje à noite para Santo Antônio, que eu também vou rezar. Mas você tem que ligar para a Rose [irmã do meu falecido marido] para que ela reze a Santo Antônio também.' "Eu disse que tudo bem, mas não rezei com muita convicção. Você compreende: eu não tinha o costume de rezar aos santos, e não acreditava realmente no poder da intercessão de um santo. Afinal de contas, sou da Igreja Batista. Por isso, fui para aquela margem do rio com um detector de metais, mas não tive sorte. Sentei-me na margem e comecei a chorar, e, quase sem pensar, disse: 'Droga, Santo Antônio, você me deixou na mão! Eu pedi a sua ajuda. Onde está você, agora que eu estou precisando de você?' Nesse instante, olhei para trás e vi a aliança na areia. Foi assim. Bum! Entrei em êxtase.

"Fui para casa e contei à minha sogra que tudo tinha dado certo. Só não lhe contei que havia pensado mal de Santo Antônio! Ela disse: 'Agora você tem de ir até a igreja francesa de St. Paul, onde há um altar de Santo Antônio, e deixar-lhes bastante dinheiro.' Eu perguntei: 'Quanto é "bastante"?' Ela disse: 'Ah, vinte dólares já está muito bom.' Então, deixei na igreja uma nota de cem dólares como expressão da minha gratidão a Santo Antônio."

Ninguém pode provar que esses casos são milagrosos, mas nós, que rezamos, na verdade não precisamos de provas. A prova pode ser necessária para tornar crente um descrente, mas não é capaz de nos encher de fé. A fé nasce de um lugar mais profundo, do centro espiritual do coração; e, para as centenas de homens e mulheres com quem conversei, é só ela que importa. O mesmo se pode dizer dos santos.

PARTE II

CAMINHOS DA SANTIDADE

PARTE II

CAMINHOS
DA
SANTIDADE

3

A CORAGEM DA CONVICÇÃO
Os Santos Mártires

*P*ouco menos de trinta quilômetros ao norte de Albuquerque, em Novo México, há uma cidade chamada Bernalillo, habitada por cerca de setenta mil pessoas. Aninhada num vale tranqüilo, a leste do largo e barrento Rio Grande e a noroeste da montanha sagrada de Sandia, Bernalillo compõe um quadro de discreta beleza. A parte mais fascinante da cidade é o bairro de Cocinitas, ou "pequenas cozinhas". Trata-se do setor mais antigo, onde se construíram casas de adobe em estilo tradicional, dispostas em longas fileiras interligadas. É nesse bairro que moram Viviam Perez e sua filha Olivia, no domicílio temporário de uma imagem do mártir São Lourenço, o santo mais querido pelos cerca de mil e quinhentos católicos de Bernalillo.

A imagem de São Lourenço não esteve desde sempre na casa de Viviam, nem estará lá daqui a seis meses. Ela simplesmente prometeu aos membros de sua igreja, Nossa Senhora das Dores, que deixará a porta de sua casa aberta vinte e quatro horas por dia a todos os que quiserem venerar a imagem, durante o período de um ano pelo qual tem o direito de conservá-la. Há oito anos que ela vem esperando por esse privilégio; o costume vem sendo praticado em Bernalillo há mais de trezentos anos. Disse-me ela: "Acho sensacional hospedar a imagem. Sempre sonhei em tê-la em minha casa. Quando a imagem está aqui, sinto uma presença especial, como se ela fosse um filho meu. Nós somos

São Lourenço foi martirizado por recusar-se a entregar os tesouros da Igreja ao prefeito de Roma. Em represália, foi assado até a morte sobre uma grelha. Costuma ser invocado contra os incêndios e a pobreza, e é considerado guardião das safras colhidas em agosto — 10 de agosto é o dia de sua festa.
(Michael O'Shaughnessy)

gente muito pobre, e São Lourenço foi martirizado por proteger os pobres. E as pessoas têm vindo todo dia visitar o santo e rezar, pedindo ajuda para suas vidas."

Sabe-se muito pouco acerca de São Lourenço, que morreu em 258, mas sua história continua sendo uma das lendas que mais atraem os membros mais pobres da Igreja. Sabemos que ele viveu em Roma no século III, quando as perseguições à Igreja chegavam ao auge. A lenda nos diz que, quando o Papa Sixto II estava sendo levado para ser morto, São Lourenço — que era diácono do Papa — começou a chorar e perguntou-lhe aonde ele ia. O Papa replicou: "Não te abandono, meu filho. Tu virás depois de mim em três dias."

Durante os três dias que se seguiram ao martírio do Papa Sixto, São Lourenço percorreu toda a Roma recolhendo os pobres que eram sustentados pela Igreja. No terceiro dia, reuniu um grande número desses pobres e convidou o prefeito de Roma a vir ver "os tesouros da Igreja". O prefeito chegou, esperando ver montanhas de prata e ouro; em vez

Aquele que fala em defesa de um homem que sofre injustiça encontrará um advogado no seu Criador.

— SÃO ISAAC DA SÍRIA

disso, porém, encontrou uma enorme assembléia de miseráveis e sofredores. Cheio de raiva, voltou-se para São Lourenço e perguntou: "Onde estão os tesouros de que falas?" São Lourenço replicou: "Por que te desagradas? São estes os tesouros da Igreja." O prefeito fez preparar imediatamente uma grelha quente, despiu São Lourenço e assou-o lentamente sobre as brasas. Diz-se que São Lourenço, depois de sofrer por algum tempo, voltou-se para o carrasco e disse sorrindo: "Vire o meu corpo, que deste lado já estou assado!" Depois, orou pela conversão da cidade de Roma e morreu.

O padre Bill Sanchez, pároco de Nossa Senhora das Dores, me explicou: "A história do vínculo de Bernalillo com São Lourenço remonta ao dia 10 de agosto de 1688, quando os conquistadores espanhóis vieram ao Novo México e atacaram os *pueblos* vizinhos com grande ferocidade. Mas a vila de Bernalillo foi poupada nesse dia, que é também o dia da festa de São Lourenço. Muita gente morreu nos *pueblos* vizinhos, mas Bernalillo nem foi atacada. Os moradores eram pobres naquela época e continuam pobres até hoje, mas sua devoção a São Lourenço nunca diminuiu.

"São Lourenço esteve do lado dos pobres em sua época, e os católicos de Bernalillo estão convencidos de que o santo cuida deles com carinho especial. É por isso que todo ano, no dia 10 de agosto, a cidade inteira venera São Lourenço com três dias de festas em ação de graças pela sua proteção."

O ponto alto da festa de São Lourenço são os *matachini* — dançarinos que prometeram a São Lourenço dançar em sua festa caso tenham suas preces atendidas. Eles usam capuzes que lhes cobrem a cabeça, com imagens de São Lourenço bordadas na frente. Os capuzes significam que eles abrem mão de seu ego em reverência a São Lourenço, enquanto executam as danças maravilhosamente complexas e estruturadas que os levam, pelas ruas estreitas de Bernalillo, até a Igreja de Nossa Senhora das Dores e, depois, de volta à casa onde a imagem esteve durante todo o ano anterior.

A coragem que São Lourenço manifestou diante da morte é notável. Embora muitos admirem as histórias dos heróis de guerra e a valentia que demonstraram na frente de batalha, suspeito que a maioria de nós concordaria com Voltaire, que disse: "Gosto muito da verdade, mas nem um pouco do martírio." A verdade é uma coisa; o martírio, outra coisa muito diferente. Afinal, quantos estariam dispostos a fazer o que São Lourenço fez? Quão forte é a nossa fé?

Ao refletir sobre a vida de São Lourenço e dos primeiros santos mártires da Igreja, lentamente começo a crer que damos à vida um valor muito alto e tememos demais a morte. Se há algo que os santos mártires têm a nos ensinar é que certas coisas são mais valiosas que a própria vida. A mais importante dessas coisas é a fé, os valores que nos orientam, o nosso compromisso com a justiça, a verdade, o amor e a beleza. Sem essas coisas, que somos nós? Que significado a vida poderia ter sem os valores espirituais pelos quais vivemos — e pelos quais talvez tenhamos até de morrer? Este conceito é perturbador para o homem e a mulher modernos, mas a verdade é que a prontidão a morrer corajosamente pelas coisas que mais prezamos é algo que não só dá mais riqueza à vida, como também, às vezes, a prolonga. A vida dos santos nos diz que podemos lutar com dignidade pelas causas em que acreditamos.

Em vista da crucifixão de Cristo, não surpreende que, para os primeiros santos da Igreja, a morte não significava uma derrota. Para esses santos dos tempos antigos, a morte era a suprema imitação do martírio de Cristo. Embora não quisessem morrer, estavam convencidos de que, no Paraíso, seriam recompensados pela sua fé.

Nos dias de hoje, as atitudes dos santos mártires podem nos parecer um pouco estranhas, até grotescas. Isto é confirmado pelo uso moderno

Como todo o mundo, eu gostaria de ter uma vida longa. A longevidade tem seu lugar. Mas não é isso o que me preocupa agora. Só quero fazer a vontade de Deus.

— MARTIN LUTHER KING, JR.

Procurando forçá-la a negar sua fé, um juiz ordenou que Santa Apolônia tivesse seus dentes arrancados. Depois do fim da operação, ela permaneceu firme. Então, o juiz ameaçou-a com o suplício do fogo caso não negasse a sua fé. Ela proferiu uma prece e caminhou tranqüilamente de encontro às chamas. É invocada contra a dor de dentes.

(Spanish Colonial Art Society, Inc. Coleção emprestada ao Museu do Novo México, Museu de Arte Popular Internacional, Santa Fé)

da palavra *mártir*. O "complexo de mártir" caracteriza aquela pessoa que faz de tudo para encontrar a dor, o que produz uma larga gama de efeitos colaterais psíquicos doentios. Mas os mártires não faziam de tudo para encontrar a dor — foi a dor que os encontrou. Eles se viam diante de uma escolha: Renuncio às minhas crenças para evitar esta dor? Ou me mantenho fiel às minhas crenças, mesmo sabendo que vou sofrer em decorrência?

A maioria de nós caminha pela vida assegurando-se que um belo dia vai parar para decidir aquilo em que realmente acredita. Há até quem prometa a si mesmo escrever uma "declaração de missão" que estabeleça os objetivos de sua vida. Mas nós adiamos esse momento; é isso, ao menos, o que ocorre comigo. Afinal de contas, é muito mais fácil guiar-se pelos conselhos e opiniões alheias; é fácil fugir à responsabilidade de se comprometer a viver de acordo com um conjunto de crenças profundamente arraigadas. Num pequeno versículo do Evangelho de São Marcos está contida a maior pergunta da vida espiritual: "E vós, que dizeis?"

Santo Estêvão, o primeiro santo mártir a ser torturado por recusar-se a negar sua fé, sabia a resposta a essa pergunta. Também o sabiam São Lourenço e as centenas de santos mártires que morreram ao longo de mais de trezentos anos de perseguição romana. Esses mártires desafiaram inúmeros césares para dar testemunho da sua fé. Sua intrepidez e coragem galvanizaram e intensificaram a convicção cristã. Com cada um de seus atos de corajoso desafio, eles deram força a seus companheiros. Para cada homem ou mulher que era torturado e executado pelo Império Romano, outros dois se apresentavam; depois que estes eram mortos, quatro outros proclamavam sua disposição de morrer pela fé. Cada morte fortalecia e sustentava a esperança dos primeiros membros da Igreja.

A veneração a esses primeiros mártires foi o que fundou a santidade na Igreja Católica. Venerando esses exemplos humanos de uma coragem semelhante à de Cristo, os cristãos da antigüidade encontravam esperança para o presente e para o futuro. Rezando aos mártires, encontraram uma maneira de transpor o abismo que se abria entre eles e Deus, entre a terra e o céu, entre o tempo e a eternidade.

Continuamos a honrar o sacrifício desses primeiros santos a cada dia 30 de junho, quando seus atos coletivos de heroísmo são lembrados pelos membros da Igreja Católica. Mas esses santos merecem mais que uma mera inclinação de cabeça uma vez por ano. O legado que deixaram é essencial para a consciência da nossa fé. Recordando a coragem que motivou o seu sacrifício, nós nos preparamos para os nossos próprios sacrifícios, por pequenos ou grandes que sejam.

Exemplo recente de uma pessoa cuja fé foi fortalecida pela coragem dos primeiros mártires foi o do falecido arcebispo Oscar Romero, de El Salvador. Numa entrevista a um jornal mexicano, em 1980, ele disse

O arcebispo Oscar Romero, que foi abatido por um tiro enquanto rezava missa em El Salvador, em 1980. Muitos acreditam que se deva introduzir a causa de sua beatificação.
(Maryknoll Fathers)

as seguintes palavras: "O martírio é uma graça de Deus da qual não me creio merecedor. Mas, se Deus aceitar o sacrifício da minha vida, que meu sangue seja uma semente de liberdade e o sinal de que a esperança logo se tornará realidade. Que minha morte, caso seja aceita por Deus, ocorra em prol da libertação do meu povo e como testemunho de esperança no futuro."

Duas semanas depois da publicação dessa entrevista, o arcebispo foi abatido por um tiro enquanto celebrava missa de réquiem na capela do hospital do câncer das irmãs carmelitas, em San Salvador. Seu assassino nunca foi encontrado, e provavelmente nunca será; mas isso é de menos importância. O importante é que o arcebispo Romero tinha a coragem que lhe vinha de suas convicções. Optou por imitar a vida de Cristo na terra, falando abertamente contra os males persistentes da injustiça social, da pobreza e da violação dos direitos humanos. Através das ações dele e de todos aqueles que têm a coragem de segui-lo no mesmo caminho, os primeiros santos da Igreja continuam vivos — não só em Bernalillo, mas no mundo inteiro.

4

A VIA DO SILÊNCIO
Os Santos do Deserto

À s quinze para as sete da manhã, quando me levanto para começar o dia, tento me lembrar de sentir gratidão pela vida e por tudo o que tenho. A gratidão é a essência e a meta da vida espiritual. Não obstante, muitas vezes me esqueço. Correndo para pôr o café da manhã na mesa, a manteiga na torrada e o suco nos copos, me esqueço da gratidão. Na pressa de colocar o lanche na lancheira do meu filho, de enrolar o cachecol em volta de seu pescoço e de levá-lo até fora de casa para vê-lo ir para a escola com o pai, me esqueço; esqueço-me de ver que todos e cada um dos atos da vida podem e devem ser atos de oração, confissões da grande bênção que a vida é. De muitos modos, agora percebo que a grande lição dos santos é que, quanto mais vivermos a vida prestando atenção no que ela realmente é, tanto mais poderemos passar a vê-la como um "dom imerecido", expressão que agora uso para definir a graça.

A vida espiritual, na verdade, consiste em "acordar" para a realidade desse dom; consiste em atravessar o nevoeiro da indiferença e da inconsciência para celebrar os maravilhosos "presentes" que recebemos na vida cotidiana. Meu marido costuma dizer que sua maior alegria é ficar à toa no parquinho da pré-escola que nosso filho freqüenta. Ele me diz que o simples ato de observar as crianças brincando inocente-

Serapião, o Sindonita, foi certa vez em peregrinação a Roma. Lá ouviu falar de uma célebre reclusa, mulher que vivia num pequeno quarto, sem jamais sair. Cético em face dessa maneira de viver — pois ele mesmo era grande andarilho —, Serapião foi visitá-la e perguntou: "Por que estás sentada aqui?" Ao que ela respondeu: "Não estou sentada; estou numa viagem."

— OS PADRES DO DESERTO

mente o enche de inacreditável alegria. Hoje nos parece que, onde há grande alegria, há muita presença de Deus.

Em vista da minha crença na necessidade que os seres humanos têm de alegria, admito que os meus primeiros encontros com as histórias dos eremitas do deserto me perturbaram. A maioria desses homens e mulheres dos séculos IV e V abandonaram suas famílias, amigos e bens para vagar pelos desertos do norte do Egito em busca da perfeita solidão. As perseguições oficiais do Império Romano contra os cristãos haviam terminado no século IV, e muitos homens e mulheres devotos perceberam que o martírio à maneira dos primeiros santos já não era possível. Por isso, desenvolveram uma nova via de santidade, uma nova espécie de martírio: um martírio do espírito, que eles mesmos se impunham.

Os eremitas do deserto me pareciam um pessoal muito sem graça. O que uma mulher de hoje, como eu, poderia aprender de suas vidas e ensinamentos? E o que — pensava eu — os levara a abrir mão da bênção da família e dos amigos em troca de uma duvidosa promessa de realização espiritual através da oração, do jejum e da rigorosa abnegação? De início, os santos do deserto afiguravam-se-me como escapistas descontentes com a vida, zelotas espirituais dados ao sofrimento. Por que tiveram de trocar as cidades pelo deserto? E como esses homens e mulheres podiam encontrar alegria espiritual em meio a tão extrema abnegação? A resposta a essas perguntas, que depois aprendi, é que o hábito da verdadeira gratidão, da verdadeira oração, só pode ser adquirido quando encontramos um oásis de solidão que nos habilita

Segundo a lenda, São Jerônimo fez amizade com um leão depois de tirar-lhe um espinho da pata.

(National Gallery of Art, Londres)

a entrar em contato com as regiões mais profundas do coração. Essa atmosfera nos ajuda a pôr um freio ao egoísmo, à raiva e à cobiça, permitindo que nos voltemos para Deus com um coração compassivo e disposto a ouvir. Como lentamente vim a perceber, esses vínculos tão profundos não podem se formar sem aquela espécie de corajosa independência espiritual, sem aquele compromisso com a simplicidade de oração que os santos do deserto manifestaram de maneira tão fulgurante.

Num mundo cheio de sonâmbulos, é perigoso ouvir o chamado do coração e acordar para a realidade de que a vida é um dom. Permanecer em estado de gratidão é algo que exige outra maneira de viver. Já não podemos ser tão mesquinhos e egoístas; precisamos ir além do nosso pequenino eu e tornar-nos pessoas melhores. Isso exige mudança, e a mudança nos assusta a todos. Muitas vezes, ela provoca longos períodos de solidão. Não obstante, o Judaísmo, o Cristianismo e o Budismo nos conclamam a deixar para trás os medos e as limitações através da coragem e da fé. À semelhança de Buda, paradigma oriental da fé, também Jesus nos chamou a abandonar o mundo das comodidades, da família e da cultura para "sair da tua terra e da casa do teu pai para a terra que vou te mostrar". A vocação à vida espiritual é uma vocação a explorar os mares nunca dantes navegados do coração — vocação que não pode ser correspondida sem uma corajosa independência espiritual.

O eremita Santo Antão (251-356 d.C.), pai do Cristianismo contemplativo, tornou-se a própria personificação da idéia de que é só atra-

Buda.
(Tibet House)

Deus é amigo do silêncio. Precisamos encontrar a Deus, e Ele não pode ser encontrado no ruído e na agitação. Vede como a natureza, as árvores, as flores e as ervas crescem em perfeito silêncio — vede as estrelas, a Lua e o Sol, como se movem em silêncio. Quanto mais recebemos na oração silenciosa, tanto mais podemos dar na vida ativa.

— MADRE TERESA DE CALCUTÁ

vés da corajosa renúncia ao mundo material e da intensa exploração solitária do próprio interior que se pode entrar em contato com o coração para alcançar a Deus. "A renúncia", disse ele certa vez, "é a dissolução dos laços que nos ligam a esta vida terrena e temporal. É só quando o homem se liberta de todos os cuidados humanos que pode voltar sua alma às coisas celestes." Mas isso não significa, como eu antes temia, que é necessário abandonar a família e os amigos para caminhar em direção a Deus. Os anjos do deserto nos ensinaram outra coisa: é menos importante abandonar o mundo que abandonar o apego às coisas deste mundo. Esse apego inclui aquelas crenças e preconceitos geralmente aceitos que promovem a divisão em vez da união, o ódio em vez do amor. Nas palavras de Henri Nouwen: "Somos chamados à solidão, onde podemos lutar contra a raiva e a cobiça e deixar que nasça o novo eu. [...] É nessa solidão que nos tornamos compassivos."

Santo Antão, portanto, não partiu para o deserto somente para fugir à cidade e às suas lutas, mas para cultivar o seu eu atencioso e contemplativo. Ele desejava a morte do velho eu para que um eu mais amoroso pudesse nascer no seu lugar. Só então viria a adquirir a pureza de coração que almejava. Ele cria, além disso, que suas meditações e preces serviriam para contrabalançar as más vibrações e a negatividade da cultura que o rodeava. O padre Thomas Keating, abade do Mosteiro de São Bento em Snowmass, Colorado, explica-nos em *The Search for Meaning*: "É esta uma convicção muito cara tanto aos monges cristãos quanto aos hindus: que a energia e a força espiritual acumuladas através da oração e da vida contemplativa trabalham para diminuir as forças do mal pelo mundo afora. Em outras palavras: quando alguém se afasta das distrações da atividade que gira em torno do próprio eu, torna-se mais apto a purificar o próprio espírito e a ser um receptor da energia divina. Ele pode então transmitir essa pura luz divina de volta ao mundo."[1]

Visto que Santo Antão nasceu há mais de mil e setecentos anos, é notável que hoje saibamos tanto a respeito da sua vida e dos seus ensinamentos. Devemos isso quase exclusivamente aos trabalhos de Santo Atanásio, que laboriosamente recordou a vida e a teologia de Antão numa biografia famosa, *Vida e Conduta de Santo Antão*. De acordo com o relato de Santo Atanásio, Santo Antão era filho de pais cristãos, tendo nascido num povoado ao sul de Mênfis, no Alto Egito, por volta de 251. Pouco antes de seu vigésimo aniversário, seus pais morreram e deixaram-lhe uma fortuna considerável com que cuidar de si mesmo e da irmã mais nova. Cerca de seis meses depois, ao assistir a um ofício na igreja, foi tocado pelas palavras de Cristo ao jovem rico: "Vai, vende tudo o que tens e dá-o aos pobres, e terás um tesouro nos céus." Crendo que as palavras tinham sido dirigidas diretamente a ele, Santo Antão foi de pronto para casa e distribuiu suas melhores terras entre os vizinhos. Vendeu depois o restante dos bens e deu o dinheiro aos pobres, guardando apenas o necessário para sustentar a si mesmo e à irmã. Não muito depois, colocou a irmã numa casa de virgens, a primeira menção a um convento registrada na história cristã.

Inspirado pelas Escrituras de que "é preciso passar por muitas tribulações para entrarmos no Reino de Deus" (Atos 14:22), Santo Antão passou prontamente a dedicar-se à pobreza e à oração. No decorrer dos anos seguintes, vagou pelos desertos do norte do Egito praticando seu rigoroso estilo de ascetismo cristão. Seu único alimento era um pedaço de pão, sua única bebida um copo de água. Nunca comia antes do pôr-do-sol e às vezes jejuava por dias seguidos. Dormia na terra nua ou sobre uma pequena esteira. Passava os dias na recitação dos Salmos e de outros trechos das Escrituras. A oração contemplativa era parte importante da sua rotina, auxiliada pela constante repetição de uma frase isolada tirada das Escrituras, a prece do publicano: "Senhor Jesus Cristo, Filho de Deus, tem piedade de mim, pecador!"

A Tentação de Santo Antão.
(Arquivo Bettmann)

Santo Antão continuou a caminhar de um lugar solitário a outro, afundando cada vez mais no deserto, até que por fim cruzou o braço oriental do Nilo. Lá, na idade de trinta e cinco anos, estabeleceu-se numa antiga cela sobre o Monte Colzum, próximo ao Mar Vermelho. Sua reputação de pureza e piedade rapidamente atraiu levas de admiradores, muitos dos quais se instalaram em celas tão próximas dele quanto ele permitia, aguardando as raras ocasiões em que "seu pai" desceria de sua "montanha interior".

Os homens e mulheres que partiram para o deserto segundo o espírito de Santo Antão foram chamados eremitas. Embora o caminho eremítico fosse uma forma de vida nova para Santo Antão e seus seguidores, não o era para seus contemporâneos hindus e budistas. Os hindus praticam o ascetismo pelo menos desde os primeiros tempos da história escrita. Cerca de oitocentos e cinqüenta anos antes da época de Santo Antão, Gautama Buda passou vários anos como asceta peregrino, procurando eliminar o apego a uma vida de ócio e privilégios. Foi só quando se convenceu de que o ascetismo não era senão outra forma de egoísmo e satisfação do ego que ele abandonou o Hinduísmo e começou a pôr em prática o seu próprio conceito do caminho do meio — via que passa a mais ou menos igual distância do ascetismo e do hedonismo. A Índia e a China também tinham uma longa história de práticas ascéticas; assim, é possível que Santo Antão tenha entrado em contato com homens e mulheres que estudaram esses antigos sistemas orientais, comunicados de início pelos missionários de Açoka, que foram enviados ao Oriente Próximo por esse rei indiano já no ano 300 a.C.

Os grandes visionários de todas as religiões do mundo sempre baseavam sua vida espiritual na solidão. Na época de Santo Antão, porém, a solidão era um bem muito mais fácil de ser encontrado do que é hoje. Ele só precisava atravessar os portões de sua cidade para adentrar os desertos do Egito e ver-se rodeado pela solidão. Atualmente, muitos daqueles que vivem na pressa das cidades sentem a necessidade de fazer de vez em quando um retiro espiritual a fim de fazer novo contato com o lado contemplativo de sua personalidade. Mesmo assim, é importante lembrar que Santo Antão não buscava a fuga ou a privacidade, mas a oportunidade de entrar em contato com as regiões mais profundas do seu coração compassivo a fim de transformar-se num homem melhor.

Sua meta era o crescimento espiritual, e ele reconheceu que a chave do êxito era a sua disposição de mudar, sua disposição de abrir mão do egoísmo e da atitude possessiva, até que em lugar disso pudesse nascer uma alma nova e mais generosa. Escreve o padre Thomas Keating: "Para aquele que está disposto a mudar ou a deixar que Deus o mude, o reino de Deus está próximo."

Visto que a conversão e o crescimento espiritual são empreendimentos essencialmente solitários, que só dizem respeito à pessoa e a seu Deus, os santos do deserto louvaram o papel do silêncio na prática espiritual. "Muitas vezes me arrependi de haver falado, mas nunca de haver ficado quieto", disse um Padre do Deserto. As palavras são uma grande tentação para a maioria das pessoas; para os santos e ascetas do deserto, no entanto, o objetivo último era o de afastar-se das mesquinhas discussões desta vida a fim de ouvir a prece de seu próprio coração.

Ao longo dos últimos anos, aos poucos fui compreendendo a necessidade de solidão, silêncio e oração, de modo que, agora, também compreendo melhor Santo Antão e os outros eremitas. Eles já não me

Santo Ambrósio.
(Arquivo Bettmann)

parecem curiosos produtos de uma era há muito passada, mas exemplos atemporais de homens e mulheres que tiveram a coragem de confrontar os próprios defeitos e a disposição de corrigi-los. É evidente que quase ninguém pode fazer exatamente o que eles fizeram, nem é isso o que se deseja. Não obstante, parece-me que Santo Antão e seus santos companheiros devem ser para nós uma lembrança da necessidade de ser sempre vigilantes na determinação de viver a vida espiritual que imaginamos, e de lançar fora, como diz Thomas Merton, "a dominação de compulsões estranhas a nós para encontrar o nosso verdadeiro eu, descobrir e desenvolver a inalienável liberdade espiritual e usá-la para construir, na terra, o Reino dos Céus".

Santo Antão e os primeiros santos do deserto nos ensinaram sobre a importância perene da solidão e da prece, e isto só já seria motivo para agradecer-lhes; mas também devemos agradecer-lhes por nos lembrar a necessidade sempre presente de avançar pelo território virgem da vida com coragem, fé e esperança. A viagem espiritual é e sempre será uma viagem pelo desconhecido.

5

A BUSCA DE EQUILÍBRIO
São Bento e os Santos Monges

*M*uitos anos atrás, quando eu era uma jovem jornalista, disse certa vez a meu marido, um pouco por brincadeira, que eu iria "conquistar o mundo". Na época, eu ocupava um cargo de responsabilidade num jornal importante de uma cidade grande e estava convencida de que logo me tornaria a editora-chefe de um jornal de circulação nacional. Estava tão cheia de desejo por uma posição de influência que pensava que isso era o que eu mais queria, à exclusão de tudo o mais. Hoje, porém, aquelas palavras — "conquistar o mundo" — são motivo de riso na minha família, porque em algum momento eu perdi esse desejo de poder. Aquele anseio desequilibrado de realização profissional foi substituído pelo reconhecimento da necessidade de equilíbrio e moderação na vida. Depois disso, comecei a me sentir irresistivelmente atraída pela vida e ensinamentos de São Bento de Núrsia (480-554), o santo da moderação.

É possível que não haja outro santo que tenha conseguido viver com tanta arte e tanta determinação quanto São Bento. Hoje, mais de mil e quatrocentos anos após sua morte, a obra de sua vida continua tendo muito a ensinar àqueles que se empenham numa busca espiritual: ela nos fala, entre outras coisas, da importância de se ter um sábio guia espiritual, da humildade silenciosa, do trabalho expressivo e da oração ardente. Não obstante, de todos esses ensinamentos, o que cala mais fundo em mim é a insistência de São Bento quanto à necessidade de equilíbrio, uma vez que sou uma mulher que trabalha fora, cria um filho e paga suas contas, procurando, no meio das inúmeras tensões da vida urbana contemporânea, encontrar um senso de objetivo e realização espiritual. É como me explicou o padre Robert, do Mosteiro de Nova Camáldula, em Big Sur, Califórnia: "São Bento percebeu que a viagem da vida leva bastante tempo. Se pudermos ordená-la um pouco, dar um ritmo e um equilíbrio à vida, poderemos glorificar a Deus ao longo de toda a viagem."

Não é fácil encontrar o equilíbrio, mas São Bento insistia que isso é possível, tem de ser possível, para que possamos ter a esperança de alcançar um sentido de harmonia espiritual na vida. Ele cultivava o equilíbrio entre os pólos da solidão e da comunidade, do trabalho e do ócio, da dúvida e da fé, e asseverava que isso seria muito mais viável e satisfatório para os caminhantes na via do espírito do que a solidão ex-

São Bento está representado à direita, tendo conhecido por revelação que São Plácido caíra num rio e corre perigo de se afogar. Nesta milagrosa intervenção, São Bento envia São Mauro para ajudar Plácido, dando-lhe o poder de andar sobre as águas a fim de agarrar Plácido pelos cabelos, tirando-o do rio.
(Lorenzo Monaco, National Gallery of Art, Londres)

trema praticada por alguns santos do deserto. São Bento tirava essa lição das leis da natureza, ensinando que, assim como ao dia segue-se a noite e ao verão segue-se o inverno, existem pares complementares naturais na vida de devoção: a um tempo de trabalho no campo pode seguir-se um momento de silêncio na solidão, por exemplo.

A Regra de São Bento, ou código de práticas da vida monástica, revolucionou a vida dos primeiros monges com sua compreensão bondosa e humana da busca espiritual. "Esperamos", escreveu ele, "nada ensinar de áspero ou pesado." Sublinhando a necessidade de moderação em todas as coisas, a Regra foi evidentemente composta em reação aos excessos de alguns santos do deserto. Embora Santo Antão nos tenha lembrado a necessidade da independência espiritual, da solidão, da oração e da conversão dos corações a Deus, não poucos de seus seguidores acabaram por nos lembrar outra coisa: que o ensimesmamento, a demasiada preocupação consigo mesmo, é o maior perigo da busca espiritual solitária. O que os eremitas mais sábios logo perceberam, e o que São Bento também concluiu, é que a grande maioria das pessoas simplesmente não é disciplinada o suficiente para avançar espiritualmente sem uma orientação, regras sensatas e o apoio de uma comunidade de pessoas voltadas para a mesma busca.

À semelhança do Buda, São Bento conscientizou-se da tendência humana a fazer da busca espiritual uma forma de auto-obsessão — o oposto da meta da vida religiosa. Sem dúvida, o exemplo mais extravagante de auto-obsessão espiritual foi o do eremita São Simeão Estilita (390-459), que iniciou sua prática ascética nos desertos da Síria, vivendo no topo de uma coluna de quase dois metros de altura. Ele logo ficou envergonhado de sua falta de coragem, uma vez que a coluna era tão baixa; foi construindo então diversas colunas, cada uma mais alta que a anterior, até que chegou a habitar dia e noite sobre uma coluna de dezoito metros de altura. Seus discípulos o proviam de água e alimentos e removiam seus excrementos com a ajuda de cordas e baldes. Em seguida, o mero habitar no topo da coluna já não era suficiente, e ele amarrou-se a ela, apertando tanto as cordas que elas lhe cortavam a carne. Logo apareceram vermes em suas chagas abertas; diz-se que, quando eles caíam, São Simeão implorava aos discípulos que os enviassem de volta, para que pudessem comer o que "Deus lhes dera".

Confesso não compreender por que São Simeão foi canonizado, mas acho que nos serve de importante advertência contra o grande perigo de levar demasiado a sério a nós mesmos e a nossa busca espiritual. Ele também nos recorda o perigo daquilo que o sociólogo Robert Bellah chamou de excessiva "privatização da religião", tão difundida no nosso mundo hoje em dia. Convencidas do fracasso de suas instituições e igrejas, muitas pessoas procuram encontrar sozinhas o alimento espiritual pelo qual anseiam. Umas poucas têm a felicidade de aproximar-se de Deus através da oração disciplinada e da ação compassiva; muitas outras ficam obcecadas consigo mesmas e com as próprias necessidades, afastando-se cada vez mais da verdadeira comunhão com Deus.

Observa o padre Robert: "Uma das revoluções de São Bento consistiu em moderar esses excessos através de uma regra suave, que não tem lugar para os extremos. Sua Regra nos dá limites, nos dá apoio e nos salva do improviso indiscriminado e da obsessão." Além disso, a Regra de São Bento para a vida monástica desempenhou importante papel na reforma do Cristianismo e influenciou muitíssimo o futuro da santidade na Igreja.

São Bento sublinhou a importância da humildade espiritual: "O décimo primeiro grau de humildade é que o monge, ao falar, o faça mansamente e sem rir, com humildade e seriedade, em palavras poucas e sensatas, e sem clamor. Está escrito: O sábio é conhecido por suas poucas palavras." A única coisa que São Bento exigia absolutamente do monge noviço é que "ele busque a Deus em toda verdade". Para tanto, pedia-se ao monge que trabalhasse todos os dias, se desfizesse de todos os bens, rezasse regularmente e fosse obediente.

A obediência era tão importante para São Bento que sua Regra se iniciava com as seguintes palavras: "Escuta, filho, os preceitos do mestre; a fim de que, pela obra da obediência, possas voltar Àquele de que te afastaste pela preguiça da desobediência." É como escreve, em nossos dias, o monge David Steindl-Rast: "Na Regra, a obediência significa seguir as ordens do abade, o que produz uma espécie de liberdade. A

A contemplação não passa de uma infusão de Deus, amorosa, secreta e pacífica, a qual, se aceita, abrasa a alma com o espírito de amor.

— SÃO JOÃO DA CRUZ

Tende cuidado do tempo e de como o aproveitais.
Nada é mais precioso que o tempo. O céu pode
ser ganho ou perdido num piscar de olhos.

— A NUVEM DO NÃO-SABER

pessoa fica livre da própria obstinação; a obediência acarreta a escuta
humilde e pronta de uma pessoa que deu sua vida a Deus." Em outras
palavras, São Bento via a obediência ao mestre como um meio de evitar
o orgulho espiritual, do qual muitas vezes eram vítimas os eremitas do
deserto e do qual, infelizmente, todos somos vítimas.

Além da obediência, outra das principais exigências da Regra era
o trabalho. "São verdadeiros monges quando vivem do trabalho de suas
mãos, como os apóstolos e padres que os precederam", escreveu São
Bento. Ele pedia a seus monges que se dedicassem à forma de trabalho
à qual estivessem mais aptos, desde que o fizessem com moderação.
Nada do zelo amargo dos "estilistas" e dos que se mortificavam no
deserto. Não se desprezava nenhum tipo de trabalho útil que pudesse
ser feito no mosteiro, como a jardinagem, a feitura de pães, a carpintaria,
a cervejaria e a construção de estradas. Também a cópia de manuscritos
tornou-se ocupação valorizada pelos monges, pois ajuda a preservar
os escritos antigos dos Padres da Igreja.

A verdadeira "obra de Deus", porém, era a oração, que determinava
a estrutura básica do dia do monge beneditino. Às duas da manhã, no
inverno, ou às três, no verão, os monges se levantavam e cantavam as
matinas — oração simples, composta de salmos e leituras. As laudes
eram recitadas com a primeira luz da aurora; o ofício continuava nas
horas tércia, sexta e nona, além da récita das vésperas, no fim da tarde.
O dia terminava com o breve ofício das completas, cantado depois do
pôr-do-sol. (Na Idade Média, o dia e a noite eram divididos em períodos
iguais de doze horas. Antes da invenção dos relógios mecânicos, era muito
difundido o uso de relógios de água para acordar os monges na hora.) A
Regra de São Bento incluía instruções rigorosas relativas à salmodia, de
modo que o saltério inteiro pudesse ser recitado em uma semana.

A Regra de São Bento mostrou-se tão eficaz e de tão grande apelo
espiritual que, no século IV, muitas mulheres haviam concebido o desejo
de imitar os monges e dedicavam-se voluntariamente à prática da Regra.
Mas foi só em 530 d.C., quando Santa Escolástica, irmã gêmea de São

Bento, fundou um convento em Monte Cassino, na Itália, que as mulheres encontraram seu lugar no mundo do monaquismo organizado. Não há dúvida de que, das muitas freiras que vieram depois, a mais inovadora foi Santa Clara, que procurou São Francisco no ano de 1212 e expressou-lhe o desejo de fundar uma organização feminina semelhante à que ele havia fundado para os homens. Passando por cima das regulamentações canônicas, São Francisco recebeu-lhe imediatamente os votos e incumbiu-a de organizar a ordem das Clarissas. Felizmente, o Papa Inocêncio III perdoou São Francisco por essa transgressão quanto às prerrogativas papais e confirmou a incumbência em 1216. Santa Clara lançou-se ao trabalho, reunindo outras mulheres piedosas para viverem juntas em pobreza comunal. Não demorou para que ela se tornasse tão conhecida e popular quanto São Francisco. Morreu em 1253 e foi canonizada pelo Papa Alexandre IV em 1255.

Devido em grande parte ao exemplo de Santa Escolástica e Santa Clara, a Europa logo passou a ter um número de freiras igual ao de monges. Embora muitas delas se sentissem atraídas pela contemplação, a maioria estava cheia de um espírito de ativismo. Cuidavam dos doentes, costuravam roupas para os pobres, faziam caridade e distribuíam alimento ao redor de suas comunidades. Por muitos séculos, além disso, os conventos foram, para as mulheres, as únicas instituições que lhes ofereciam ensino superior. Escreve o historiador Will Durant, em *The*

A amizade entre São Francisco e Santa Clara é maravilhosamente representada neste ícone. A fidelidade deles a seus votos e sua dedicação um ao outro são exemplos perenes para aqueles que desejam permanecer fiéis ao próprio caminho.

(Robert Lentz, cortesia de Bridge Building Images, Burlington, VT. Todos os Direitos Reservados.)

Story of Civilization: "Se passarmos em retrospecto os dezenove séculos da história cristã, com todos os seus heróis, reis e santos, teremos dificuldade para encontrar um número significativo de homens que tenham se aproximado tanto da perfeição cristã quanto as freiras se aproximaram. Suas vidas de silenciosa devoção e alegre serviço abençoaram muitas gerações."

Em nossos dias, uma das maiores lições que a vida monástica tem a oferecer aos leigos está em sua reverência pela comunidade e na importância da partilha de responsabilidades. Numa época em que tanta gente fica longe das instituições e não vê com bons olhos o envolvimento na comunidade, os santos monges nos lembram de que uma das maiores bênçãos da vida consiste em encontrar uma comunidade de pessoas que dêem apoio umas às outras em sua busca comum. Um dos benefícios que advêm da comunidade, um dos menos lembrados, é que, dividindo os afazeres cotidianos (do cuidado das crianças à preparação das refeições, passando pelas conversas em que nos animamos uns aos outros), os membros da comunidade de repente se vêem dotados de mais tempo para viver, para celebrar o dom da vida.

O irmão Steindl-Rast, que reside no Mosteiro de Nova Camáldula, na Califórnia, gosta de dizer que o objetivo da comunidade, monástica ou não-monástica, é o de criar um ambiente em que o ócio não seja um privilégio, mas uma virtude. Em suas palavras: "O ócio de que falamos não é o privilégio daqueles que têm tempo de sobra, mas a virtude daqueles que não se apressam." E por que não se apressam? Além de reservar tempo para gozar os dons que a vida, a natureza e a família nos dão — sentir o cheiro das rosas ou ouvir o barulho do vento entrando pelas frestas do telhado —, não se apressar também significa viver de tal modo que a vida se torne uma celebração do momento presente. Os santos monges nos ensinam que a vida toda é um dom a ser celebrado com alegria. "Alegrar-se é devolver a Deus o que Ele nos deu", acrescenta o padre Robert. "Nascimentos, casamentos, momentos de silêncio — são estes os pequenos vislumbres que temos daquilo que toda a nossa vida é chamada a ser, daquela celebração que ela deve ser. Quando ordenamos e equilibramos a vida, tal senso de celebração pode ser encontrado a todo momento, mesmo no mais trivial."

6

A COMPAIXÃO EM AÇÃO
Os Santos Missionários

Há sete anos, Edward Sellner começou a sentir dentro de si uma divisão que crescia a cada dia. Homem de meia-idade, dedicara-se durante os cinco anos anteriores ao trabalho em prol de uma mudança positiva como professor de teologia no College of St. Catherine, em St. Paul, Minnesota. Dedicava-se de modo quase contínuo à ação e a diversos tipos de serviço social, mas começara a sentir cada vez mais forte o desejo de retirar-se das exigências cotidianas do seu cargo administrativo a fim de dedicar mais tempo à reflexão contemplativa e à escrita. Que fazer? Quanto tempo consagrar à ação social compassiva e quanto à contemplação?

O professor Sellner refletiu sobre essa questão por quase um ano. Então, sonhou com São Cuthbert, um inglês do século VII que ansiava pela vida contemplativa mas era sempre convocado de seu eremitério pela Igreja a fim de atender às necessidades dos pobres e doentes na ilha de Lindisfarne, no norte das Ilhas Britânicas. No seu sonho, um antigo personagem celta, com cabelos ruivos compridos e esvoaçantes e um manto verde, chamou-o a acompanhá-lo numa vida que equilibrasse o serviço ao próximo e a contemplação, longe do medo. Mas, ao olhar para aquele personagem, o professor Sellner começou a sentir-se muito incomodado; a ponto de sentir-se obrigado a pentear os cabelos da imaginária figura, tirar-lhe o manto verde e vesti-lo com uma túnica marrom de tecido cru. Ele me disse: "Depois, percebi com toda a clareza que São Cuthbert queria me dizer que eu não tinha de abandonar meu trabalho de assistência aos mais necessitados no mundo para satisfazer meu anseio de uma vida contemplativa mais rica. Ele conseguira combinar uma vida de contemplação e oração com um intenso serviço social, e me chamava a acompanhá-lo. Nessa época, eu tinha medo de não conseguir. Como encontrar tempo para dedicar regularmente à contemplação enquanto trabalhava como professor, escritor e administrador?"

Nesse mesmo ano, o professor Sellner entrou em licença e foi para Lindisfarne. Lá, "senti a presença viva de São Cuthbert, que enfrentou as mesmas questões que eu então enfrentava. Veja você: em 679, ele se estabeleceu numa das ilhas mais áridas e desoladas do arquipélago de Farne para se dedicar à oração; mas em 685 foi chamado para ser bispo de Lindisfarne. Durante os anos restantes de sua vida, dedicou-se ao serviço da compaixão. Percebi que, se São Cuthbert conseguira equilibrar a ação e a contemplação, eu também conseguiria. Por isso, fui em frente e escrevi o livro com que havia sonhado, *Soul-making*; depois

São Cuthbert viu-se dividido entre a vida de serviço e a vida de contemplação.

(*Ave Maria Press*; The Wisdom of the Celtic Saints, *Susan McLean-Keeney*)

voltei à faculdade para trabalhar como diretor do programa de mestrado em teologia. E funcionou".

No gradual processo de despertar por que passou em Lindisfarne, o professor Sellner compreendeu a verdade que tantos santos expressaram: a ação e a contemplação devem caminhar de mãos dadas. Cada uma delas deve informar a outra e equilibrar-lhe os excessos. Explica Madre Teresa: "Estes dois aspectos da vida, a ação e a contemplação, não se excluem mutuamente, mas precisam da ajuda um do outro, realizam e completam um ao outro. Para que a ação seja produtiva, ela necessita da contemplação. Esta última, quando atinge certo grau de intensidade, derrama um pouco do seu excesso sobre a primeira. Através da contemplação, a alma extrai diretamente do coração de Deus as graças cuja distribuição cabe à vida ativa."

O encontro de um bom equilíbrio entre ação e contemplação é tema freqüente na vida dos santos. Uns poucos conseguiram, de algum modo, combinar ambas as coisas quase sem esforço: entre eles, São Francisco de Assis e Santa Catarina de Sena. Mas a maioria dos santos não era tão equilibrada. Alguns se sentiram chamados com muito mais força à

Santa Catarina de Sena, conhecida por suas muitas visões e êxtases místicos, aparece aqui exorcizando uma mulher.

(Museu de Arte de Denver)

oração contemplativa. São João da Cruz, Santo Antônio e Santa Catarina Labouré, por exemplo, enquadram-se claramente nessa categoria. São Gregório, São Domingos e Santa Francisca Cabrini, por outro lado, devotaram-se mais ao serviço de compaixão que à contemplação.

Nenhum santo, porém, foi puramente ativo ou puramente contemplativo. A única diferença real que existe entre os santos ativos e os contemplativos é uma diferença de proporção, e a orientação que assumiram na vida adulta geralmente reflete a influência da criação que tiveram e da disposição natural que Deus lhes deu. Santa Matilda de Hackenbone, por exemplo, foi tímida e retraída desde a primeira infância. Aos sete anos, entrou num colégio interno; a partir daí, sua vida caracterizou-se pela oração silenciosa e pelas visões místicas, mas não pelas obras missionárias ou pelo serviço social. Criada no silêncio e disposta ao silêncio, tornou-se uma santa do silêncio. São Francisco de Assis e Santo Inácio de Loiola, por outro lado, manifestaram desde a infância uma personalidade agressiva e expansiva. A juventude de ambos foi marcada pelas aventuras atléticas e amorosas, e ambos sonharam tornar-se gloriosos cavaleiros. Criados na ação e dispostos à ação, tornaram-se santos de ação, embora se tenham ambos convertido à vida cristã através da oração, da contemplação e de períodos de extrema renúncia e penitência.

São Domingos, um contemplativo que se dedicou ao serviço de compaixão, foi o fundador da Ordem dos Pregadores (os Dominicanos). Nasceu em Castela, em 1170.

(Giovanni Bellini, National Gallery of Art, Londres)

Santo Inácio de Loiola, fundador dos jesuítas, em uma imagem tridimensional entalhada pelo santeiro mexicano Jose Benito Ortega.
(Museu de Arte de Denver)

Os santos contemplativos deram ao Cristianismo as fontes emocionais e intelectuais de uma profunda espiritualidade do coração, sem a qual a religião não passa da encenação de rituais vazios ou da proclamação de crenças mortas. Mas é difícil imaginar como o Cristianismo poderia ter sobrevivido sem os santos de ação. De São Pedro e São Bonifácio às Irmãs e Padres de Maryknell, nesta década, os santos missionários e aqueles que se dedicaram ao serviço social propagaram o Evangelho do amor, não só pelo ensino da religião, mas pelo fato de mostrarem-na com suas obras. Atenderam os enfermos, assistiram os pobres, acolheram os doentes mentais e instruíram os ignorantes, constituindo-se assim em testemunhos vivos do amor inabalável de Deus por todos e cada um de Seus filhos.

Enquanto refletia sobre a vida dos santos de vida ativa de que mais gosto, de São Vicente de Paulo a Madre Cabrini, procurei identificar as características comuns que os unem. Por que obtiveram tanto sucesso em seus esforços em prol da mudança positiva? Que lições podemos tirar de suas vidas para aplicá-las à nossa? Depois de alguns meses de estudo e de passar algumas madrugadas escrevendo, pude identificar oito características específicas, mas interligadas, que unem a vida desses santos do serviço de compaixão. Discutirei essas características nas próximas páginas, na esperança de que elas possam ajudá-lo a pôr em ação o seu coração compassivo.

A AÇÃO DEVE CORRESPONDER
À VOCAÇÃO

Os budistas falam muito de "vida correta" e de "ação correta", de encontrar o caminho de serviço mais adequado às capacidades e obrigações terrenas de cada pessoa. Do mesmo modo, os santos falam de vocação correta ou devoção correta. São Francisco de Sales tinha muito a dizer a esse respeito, pois estava convencido de que "a verdadeira devoção não prejudica ninguém; antes, tudo aperfeiçoa. Caso impeça os deveres legítimos da vocação, isso mesmo denota que é uma devoção falsa". A sabedoria de São Francisco de Sales me consola, pois há muita gente que não pode dedicar bastante tempo ao serviço social ou à participação na comunidade devido à necessidade de cuidar dos filhos ou dos pais idosos, ou a outras obrigações pessoais ou profissionais. São Francisco de Sales estava consciente de que cada um deve servir de maneira apropriada às próprias necessidades, talentos e obrigações mundanas. Escreveu ele: "Não seria louvável que um bispo adotasse a solidão dos cartuxos ou que um pai de família se recusasse a economizar algum dinheiro como os franciscanos; que um operário freqüentasse tanto a igreja quanto um religioso. [...] A verdadeira devoção [...] em nada prejudica os diversos deveres ou vocações, mas os adorna e os torna mais belos."

A COMPAIXÃO COMEÇA EM CASA

No mundo de hoje, com seus grandes problemas sociais, políticos e econômicos, que vão da fome em escala global à destruição do meio ambiente, da "pureza étnica" aos distúrbios raciais nas cidades, é fácil sentir-se assoberbado pela enormidade disso tudo; é fácil afastar-se do mundo e limitar-se a dizer: "Mas o que eu posso fazer?" Eu mesma já caí vítima desse tipo de reclamação muito mais vezes do que gostaria.

Afinal de contas, os problemas do mundo são grandes demais para que um único indivíduo consiga resolvê-los. Mas está claro que os santos de vida ativa nunca se preocuparam em transformar o mundo inteiro — só o seu pequeno cantinho.

Se Madre Cabrini, Santo Inácio de Loiola ou São Francisco Xavier estivessem vivos hoje e alguém lhes perguntasse: "Mas o que eu posso fazer?", suspeito que a resposta que eles dariam não seria muito diferente daquela que Madre Teresa de Calcutá deu recentemente: "Estar feliz [com Deus] hoje significa amar como ele ama, ajudar como Ele ajuda, dar como Ele dá, servir como Ele serve, resgatar como Ele resgata. [...] Portanto, mesmo se você escrever uma carta para um cego ou apenas for até lá para sentar-se e ouvir, ou se você levar sua correspondência até o correio, ou der uma flor a alguém, [...] isso nunca é muito pouco, pois é o amor de Cristo em ação."

À semelhança de todos os grandes santos de ação, Madre Teresa percebeu que a ação compassiva não é coisa complicada. Seu princípio

São Francisco Xavier foi discípulo de Santo Inácio de Loiola e incansável missionário jesuíta nas terras do Oriente.

(Maryknoll Fathers)

não é a noção de que temos uma grande missão a desempenhar; não é necessário fazer um curso para aprendê-la; não é necessário ser presidente dos Estados Unidos, juiz da Suprema Corte ou prefeito de uma cidade pequena para provocar mudanças positivas no mundo. É como escreveu frei Lourenço, que trabalhou na obscuridade da cozinha de um mosteiro carmelita por trinta anos no século XV: "O que importa a Deus não é a grandeza do trabalho, mas o amor com que é feito."

Portanto, não há diferença entre ajudar uma pessoa ou ajudar uma centena. A ação compassiva não é um jogo em que o que importa é a quantidade, mas uma questão de ouvir os gritos de socorro que partem da nossa própria casa. O assistente social Steven Wickson explica em *The Search for Meaning*: "Tudo o que Deus nos pede é que sejamos amorosos para com as pessoas que entram na nossa vida. É muito simples. Você pode fazer qualquer coisa: trabalhar como garçom, limpar banheiros, ser professor numa universidade... Isso não importa. Onde quer que você esteja, haverá pessoas na sua vida que necessitam do seu amor e compaixão."

FAZER O BEM AOS INIMIGOS

O amor aos inimigos é uma mensagem reiterada várias vezes no Evangelho, mas é evidente que, nos dias de hoje, são poucos os que levam a sério essa idéia. Fazer o bem aos que nos odeiam? Isso parece a antítese de tudo o que sabemos do mundo comercial contemporâneo, sem falar naquele vizinho que gostaria que cortássemos com mais freqüência a grama do quintal — e não cansa de nos lembrar disso. Não obstante, os santos dedicaram-se a fazer o bem àqueles que os odiavam. Certa vez, em pleno inverno, Santo Inácio desviou-se de sua rota e caminhou quase duzentos quilômetros para cuidar de um homem que soubera estar doente — homem que, poucas semanas antes, roubara sua pequena reserva de dinheiro. E há a história de Santo Espiridião, que certa noite capturou uma quadrilha de ladrões que tentavam roubar suas ovelhas. Em vez de castigá-los, ele os libertou e lhes deu um carneiro, pois "assim não terão ficado acordados a noite inteira a troco de nada".

SERVIR A DEUS E SERVIR
A SI MESMO

Quando servimos aos outros, servimos a Deus; e quando servimos a Deus, servimos a nós mesmos. Não se pode ter a certeza de que nossas ações produzirão resultados positivos; mas quando nos esforçamos para realizá-las como um ato de devoção a Deus, o resultado positivo se torna tão certo quanto possível. Nossas ações tornam-se então uma celebração de Deus e não uma tentativa de satisfazer nossas próprias necessidades ou desejos. Cuidando da Criação de Deus, nós Lhe agradecemos não só por nos haver criado, mas por nos ter amado antes que nós soubéssemos amá-Lo. É o que nos lembra São João da Cruz: "Deus é amor. Não fomos nós que amamos a Deus; Deus nos amou primeiro. Amemos, pois Deus amou primeiro." Para os santos, através do oferecimento de todas as ações a Deus, a vida se torna segundo a famosa frase de Orígenes, "uma grande e ininterrupta oração".

DAR COM ALEGRIA, DAR COM O CORAÇÃO

Santa Teresa de Ávila disse certa vez: "Não tenho defesas contra a afeição. Eu poderia ser subornada com uma sardinha." Não havia nela nenhuma presunção ou falsidade. Ela levava a vida a sério, mas a levava também na brincadeira e com alegria. Ela nos lembra que a melhor maneira de dar é dar com alegria, dar com o coração. Ela sabia instintivamente que os dons que fazemos aos outros são uma bênção e não um fardo, porque nos dão alegria. É como diz Madre Teresa de Calcutá: "Deus ama quem dá com alegria. O que mais dá é aquele que dá com mais alegria." Para mostrar a Deus que Lhe estamos gratos por nos trazer ao mundo, precisamos aceitar os outros tal como são e servi-los de coração aberto e alegre. É o que diz o povo ibo, da Nigéria: "Quem dá é o coração; os dedos apenas se abrem."

> *O amor não busca outra causa e outro fruto além de si mesmo; é o seu próprio fruto, o seu próprio gozo. Amo porque amo; amo para que possa amar.*
>
> — SÃO BERNARDO

PENSE EM DEUS, NÃO NOS RESULTADOS

O mundo em que vivemos é orientado para os resultados. Uma firma de corretagem nova-iorquina alardeia: "Medimos o sucesso a cada etapa." Os santos pensavam de outro modo. Para eles, desde que sirvamos a Deus no máximo da nossa capacidade, o sucesso ou fracasso de nossos projetos de serviço social acaba por não ter importância. A lição que tiramos disso é que Deus só pede que cada um dê o melhor de si mesmo, e não que tenha sucesso. O Bhagavad Gita aconselha os servos hindus: "Não estejais apegados aos frutos da ação." Jesus fala do sucesso como algo que "está no mundo, mas não é do mundo". Com tal atitude, é impossível ficar deprimido pelo fracasso ou convencido pelo sucesso.

LIDAR COM O SUCESSO

Aceitar o fracasso com decoro e serenidade é a marca de uma personalidade espiritual sadia, da pessoa que pensa mais em Deus que em si mesma. Mas para lidar com o sucesso é necessário ser ainda mais forte, porque são poucos os que conseguem evitar que o sucesso lhes

Deus é solicitude infinita por todo ser vivo.
— PADRE THOMAS KEATING

"suba à cabeça" e os faça perder contato com o coração; com demasiada freqüência, a humildade sucumbe à sedução do orgulho e Deus passa para segundo plano.

Nunca me esqueço de um ensaio de Thomas Merton acerca da educação. Nesse ensaio, ele nos conta da conversa que teve còm um indivíduo que o procurou para escrever um capítulo que viria a integrar um livro sobre os segredos do sucesso. Merton, segundo se lembrava, respondeu com as seguintes palavras: "Se acontecesse de eu ter escrito um *best-seller*, isso teria ocorrido por puro acidente, devido à desatenção e à ingenuidade, e eu tomaria muito cuidado para que isso jamais voltasse a acontecer. Se tenho uma mensagem a transmitir aos meus contemporâneos, eu disse, é a seguinte: Sejam o que quiserem, sejam doidos, bêbados ou patifes de toda espécie, mas a todo custo evitem uma coisa: o sucesso." E depois escreveu: "A vida não tem de ser vista como um jogo em que se marcam pontos e em que alguém acaba ganhando. Se você pensa muito em ganhar, nunca vai desfrutar o jogo. Se está muito obcecado pelo sucesso, vai acabar se esquecendo de viver."

Embora eu não tenha certeza de que todos os santos concordariam com Merton, sei que a maioria deles concordaria com o espírito do que ele disse: O sucesso é perigosíssimo para aqueles que o atribuem a si mesmos. Afinal de contas, a vida espiritual não é uma questão de realizações terrenas, mas de geração de esperança. O objetivo é conhecer, amar e servir a Deus.

O JESUS QUE ESTÁ EM CADA UM

Paul Holderfield, que fundou uma igreja, uma cozinha e um abrigo para os sem-casa na região norte, a mais pobre, da cidade de Little Rock, Arkansas, é um homem que continua a seguir as pegadas dos santos de vida ativa. Embora tenha sido criado na mais extrema pobreza e nunca tenha freqüentado a escola, consegue ajudar todos os dias a centenas de miseráveis. Holderfield procura Jesus no rosto de cada pessoa e o encontra "em quase todo lugar. [...] Eu o encontro todos os dias. Outro dia eu o encontrei no McDonald's, pedindo comida. Tropeço nele todos os dias. Ele disse: 'O que você fizer ao menorzinho, meu amigo, fez a mim.' Veja bem, nós alimentamos Jesus mais ou menos cento e cinqüenta vezes por dia. Nós lhe damos roupas todos os dias. Ele diz: 'Estou nu', e nós o vestimos. Ele diz: 'Estou doente', e nós cuidamos dele. A única maneira de servir a Jesus é servindo as pessoas. Nada mais simples, e mesmo assim nós ficamos à toa. Queremos fazer alguma coisa grande, mas a maior coisa que posso fazer para ele é cuidar do seu povo".[1]

O caminho do serviço de compaixão é simples assim.

7

ENCONTRO DIVINO
Os Santos Místicos

O dr. Alfred Painter, alto, cabelos brancos, oitenta anos de idade, é um filósofo e professor universitário aposentado que reside em St. George, Utah. Passa os dias lendo, escrevendo e caminhando pelas montanhas do sudoeste de Utah, meditando sobre a beleza daquela que ele chama de sua "grande igreja ao ar livre". Embora tenha sofrido a perda de sua esposa há mais ou menos quinze anos, devido ao mal de Alzheimer, e tenha amargado recentemente a morte de uma filha, conserva forte a fé em Deus e na unidade da vida, fé que ele atribui a uma profunda experiência mística que teve na juventude. Foi o que me contou há pouco tempo:

"Quando eu tinha dezoito anos, morava na Queen Anne Hill, em Seattle. Meu passatempo predileto era subir até o parque no alto da colina, sentar e ficar olhando a cidade logo abaixo e as montanhas a oeste. Certo dia muito claro e ensolarado, na hora do pôr-do-sol, fiquei maravilhado com o movimento ao meu redor, e minha mente começou a entrar em sintonia com a massa complexa e integrada do movimento dos seres humanos lá embaixo, todos interligados de várias maneiras. Percebi as luzes que se ligavam e desligavam nos edifícios oficiais do centro da cidade, bem como nas áreas residenciais; percebi as luzes traseiras dos carros que deixavam a cidade, bem como os faróis dos carros que chegavam. Rapidamente, tomei consciência de muitas outras formas de interconexão. A distância, havia aviões decolando e aterrissando no aeroporto internacional. Na imaginação, vi pessoas do mundo inteiro chegando a Seattle e indo embora, e senti pessoalmente essa grande interconexão de vida. Veio-me a idéia de que aquela grande cidade que se esparramava por toda aquela área era na verdade um organismo vivo, com a partida e chegada das pessoas fluindo como sangue nas veias do planeta — e eu era uma parte inseparável disso tudo.

"A consciência muito forte do meu envolvimento com aquela massa de vida interligada em constante mutação fez com que o meu senso de separação e solidão temporariamente se dissolvesse, e me colocou em contato com a natureza unitiva de Deus e com toda a Sua Criação. Naquele momento, as paredes que me separavam do mundo se dissolveram e um grande peso me foi levantado dos ombros. Percebendo Deus e Sua vida que fluía em tudo à minha volta, tomei consciência, pela primeira vez na vida, de que eu tinha um lugar no mundo e que tudo era como devia ser. Depois desse dia e até hoje, nunca me senti sozinho ou excluído."

O momento místico do dr. Painter coloca-o ao lado dos maiores santos e visionários de todas as religiões do mundo. Aquilo que ele sentiu de modo tão imediato na Queen Anne Hill, em 1932, é na verdade o objetivo principal de todas as grandes doutrinas religiosas: uma comunhão transformadora com o Divino, na qual o eu se dissolve e se une a Deus e a toda a sua criação. Nas palavras da mística Santa Catarina de Gênova: "O meu eu é Deus, e não reconheço nenhum outro eu senão o meu próprio Deus."

Infelizmente, hoje em dia, muitos vêem o misticismo como um assunto obscuro e nebuloso, coisa que só diz respeito aos santos e a outros

Quando o homem se purifica de todo apego às coisas, sua razão fica tão clara quanto o céu sem nuvens. Sua alegria não depende mais das criaturas, pois, como seu coração não se fixa em nenhuma delas, ele as possui a todas.

— SÃO JOÃO DA CRUZ

"fanáticos religiosos". Na cultura geral, o termo *misticismo* costuma ser associado a coisas difíceis de entender. "Mistificar", hoje, equivale a enganar, abusar da credulidade alheia. E embora quase todos os místicos concordem com São João da Cruz, em que Deus é "infinitamente incompreensível", eles também concordariam que as visões místicas são acessíveis a todos e essenciais à apreensão das grandes verdades da vida espiritual. Madre Teresa Bielecki, religiosa carmelita e mística contemporânea, explica no livro *The Search for Meaning*: "Agora, depois de vinte anos como contemplativa profissional, pude compreender que o coração e a alma do Cristianismo, que têm estado obscurecidos, são o misticismo. Tudo gira ao redor do coração místico. [...] A experiência mística de Deus, a experiência intuitiva imediata de Deus é aquilo de que a tradição sempre falou."

A atual aversão ao misticismo é lamentável, uma vez que todos, em diversos graus, são místicos. Na verdade, toda pessoa nasce mística, pois a capacidade de maravilhar-se e o sentido imediato de ligação com o todo da vida são direitos inatos do ser humano. Se você já teve a sensação de se unir a tudo, ou momentos de profunda gratidão, ou instantes em que percebeu que no mundo não havia nada de errado, você já provou dos frutos da visão mística. A única coisa que distingue os santos místicos do restante dos homens e mulheres é que eles levaram a sério seus momentos místicos. É o que escreve Frei Steindl-Rast:

> Os homens e mulheres que chamamos de místicos só se distinguem de nós porque dão a essas experiências o lugar que merecem ter na vida de todos e de cada um. O importante não é a freqüência ou intensidade das experiências místicas, mas a influência que permitimos que tenham em nossas vidas. Aceitando nossos momentos místicos com tudo aquilo que eles nos oferecem e exigem de nós, tornamo-nos os místicos que somos chamados a ser. Afinal de contas, o místico não é um tipo especial de ser humano; cada ser humano é um tipo especial de místico.

Todos os grandes santos místicos da Igreja disseram que, mesmo que nossos dias sejam dedicados ao serviço ininterrupto dos pobres, não podemos passar sem a vida contemplativa. A vida contemplativa

Teresa de Ávila foi uma grande mística do século XVI e a primeira mulher a ser proclamada Doutora da Igreja Católica. O pandeiro com que é representada nesse quadro lembra-nos seu espírito alegre e jovial.

(Robert Lentz, cortesia de Bridge Building Images, Burlington, VT. Todos os Direitos Reservados.)

rica, por sua vez, quase invariavelmente leva a experiências místicas. Para os santos místicos, a oração contemplativa é o coração da espiritualidade, a fonte da qual hauriam seu conhecimento de Deus e na qual reforçavam sua fé e nutriam sua vida moral.

Os santos místicos surgiram em todos os momentos da história da Igreja (o próprio Jesus era um místico), mas floresceram especialmente durante a época de corrupção da religião no final da Idade Média e no Renascimento. Assistiu-se nesse período ao surgimento de um fascínio popular pelos êxtases da vida mística, o que estimulou os cristãos a voltar-se para dentro, e não para fora, em busca de reforma. Assim como os primeiros cristãos fugiram para o deserto em busca de solidão quando a decadência moral do Império Romano tornou-se demasiada, assim os místicos da Idade Média voltaram-se para dentro, para o deserto do coração. Para eles, a oração era o único caminho rumo à reforma.

Todos os santos, desde Santo Antão e os Padres do Deserto até místicos do século XIX como Santa Catarina Labouré, afirmaram com força que as experiências místicas são apenas o fruto da oração ardente, recebido por pura graça. A mística carmelita Santa Teresa de Ávila, do século XVI, escreveu: "Não sei por que o mundo inteiro não se esforça por chegar perto de Ti. [...] Só isto direi: a oração foi a porta que se abriu para as grandes graças que Nosso Senhor me concedeu. Se esta porta se fechasse, não vejo como Ele as poderia conceder." Santa Teresa esperou quase quinze anos por essa "grande graça", até que, por fim, viveu a arrebatadora união transcendente pela qual ansiava. "Ninguém pode fazer o dia nascer", escreveu ela, "nem impedir a noite de cair. Esta oração não é obra nossa; é sobrenatural e não está de modo algum sujeita ao nosso controle [...] o máximo que se pode fazer é receber esta graça com ação de graças." Isso significa que as experiências místicas, a exemplo de quase todas as coisas boas da vida espiritual, são produto da graça.

A bênção da oração cotidiana é algo com que todos podem contar; para os santos místicos, porém, o nível de oração e comunhão com Deus às vezes atingia alturas sobrenaturais. É a intensidade dessas "alturas sobrenaturais" que distingue as experiências místicas da oração comum. Nesta, por exemplo, é fácil ficar fixo no presente ou atolado em si mesmo, ao passo que tal coisa é impossível na verdadeira união mística. As experiências místicas invariavelmente arrancam o místico do tempo e o lançam na eternidade, arrancam-no de si mesmo e o colocam em um estado de união com Deus. Nesse estado de "unificação", os grandes místicos conseguem sondar as profundezas indescritíveis do amor de Deus, não só por eles individualmente, mas por toda a criação.

Já me disseram que "as experiências místicas são para a religião o que a pesquisa básica é para a ciência". O misticismo é a fonte da qual brota toda a teologia. O místico penetra os mistérios da vida espiritual e volta para nos comunicar o que viu da natureza da Luz divina. Não surpreende, no fundo, que os místicos da todas as religiões do mundo relatem visões e experiências bastante semelhantes. Eis alguns desses aspectos:

- Um sentimento de unidade e unicidade com toda a Criação. Nas palavras do místico romano Plotino: "Nesse modo de ver, não se apreende nenhum objeto nem há traço de distinção; não existem dois. O homem é mudado, não é mais ele mesmo nem pertence a si mesmo; funde-se com o supremo, afunda-se nele, é um com ele." Ou na expressão do grande místico muçulmano Al-Ghazali: "Não é possível que a alma suba mais alto, pois não há altura além do Altíssimo, nem há multiplicidade em face da Unidade."

• A perda do sentido do eu. Escreveu Meister Eckhart: "Digo que, para que a alma conheça a Deus, ela deve esquecer de si mesma [...] enquanto prestar atenção a si mesma ou estiver consciente de si mesma, ela não verá a Deus nem d'Ele estará consciente."

• Uma experiência de luz, amor e alegria, como a que teve Santo Agostinho: "Entrei e contemplei com os olhos da alma [...] acima da minha própria inteligência, uma luz imutável. [...] Quem conhece a verdade conhece essa luz, e quem a conhece conhece a eternidade. O amor a conhece. Ó eterna verdade, amor verdadeiro e a amorosa eternidade!" O grande filósofo hindu Shankara assim a descreve: "Ascendi acima da ignorância e do conhecimento deste universo de aparências. Que é esta alegria que sinto? Quem a medirá? Nada conheço senão a alegria, ilimitada, irrestrita."

• A crença de que as verdades místicas transcendem a razão e não podem ser comunicadas por palavras. "Acima da minha própria inteligência", disse Santo Agostinho; ou "Acima de todo entendimento natural", nas palavras de São João da Cruz.

Na Idade Média, a fusão completa do eu com Deus relatada pelos místicos passou a ser vista pelos cristãos como uma espécie de núpcias com a Divindade. Mais tarde, na tradição carmelita de Santa Teresa de Ávila e de Santa Teresa de Lisieux, as núpcias divinas foram chamadas de misticismo nupcial. Madre Tessa explica: "Através do nosso misticismo, celebramos a nossa união com Cristo, com Deus, o que significa, na verdade, que estamos unidas em matrimônio com toda a criação. A criação toda se torna esposa ou esposo, noiva ou noivo. O universo é o seu corpo. [...] Conhecemos Deus como a um esposo ou noivo, assim como um amigo conhece o amigo, o amante conhece o amado, o noivo conhece a noiva." Assim, o místico lança raízes no amor de Deus e não no amor-próprio; verdadeiramente, ele não pensa mais em si.

Na medida em que todos os santos místicos atingiram o mesmo conhecimento unitivo de Deus e de Sua criação, eram semelhantes entre si. Entretanto, cada um deles reagiu de modo peculiar aos desafios da vida. As visões místicas de Santa Catarina Labouré inspiraram-na a com-

São João da Cruz, padroeiro dos poetas, escreveu alguns dos textos místicos mais belos de todos os tempos, entre eles Chama Viva de Amor *e* A Noite Escura da Alma.
(Robert Lentz, cortesia de Bridge Building Images, Burlington, VT. Todos os Direitos Reservados.)

bater a pobreza e a promover a reforma da Igreja, ao passo que as visões de Santa Teresa de Ávila convocaram-na a fundar comunidades religiosas em que homens e mulheres pudessem gozar muito simplesmente da companhia de Deus. São João da Cruz, por sua vez, usou cada uma de suas experiências místicas para fundamentar a seguinte; depois, escreveu sobre elas de modo tão terno que se tornou um guia espiritual para muitas gerações.

Os santos místicos sempre asseveraram que o conhecimento adquirido em seus encontros com Deus era bem mais importante que o próprio encontro. Afinal de contas, as experiências místicas profundas ocorrem com pouca freqüência e duram relativamente pouco. A questão que se impõe é: como proceder durante os restantes momentos da vida? Como preencher as horas do dia depois de descer das alturas do espírito? Para aqueles que levam a sério a caminhada espiritual, portanto, as experiências místicas unitivas não são de modo algum o fim da linha — são, quando muito, o início. O mais importante é encontrar uma maneira de incorporar o senso latente de união com Deus a todo o restante da vida, o que é uma tarefa de grande responsabilidade.

Doug Anderson, poeta e assistente social em Denver, que teve numerosas experiências místicas, usou suas descobertas para enriquecer sua vida de serviço à comunidade. Ele já visitou presos, organizou sessões comunitárias de recitação de poesia para jovens e promoveu vários espetáculos teatrais dirigidos à população idosa. "Servir a Deus, na verdade, é uma coisa bem simples", disse-me ele. "Depende da nossa disposição para superar tudo aquilo que, em nós mesmos, nos separa das outras pessoas. E isso é uma coisa muito prática, cotidiana, simples. A primeira vez que me dei conta dessa verdade simples foi quando viajei do México à Índia como marinheiro de convés num petroleiro norueguês. Na época, eu tinha vinte e pouco anos.

"Todos os dias, ao pôr-do-sol, eu ia até a proa do navio. O espetáculo de luz se estendia por trezentos e sessenta graus ao meu redor e cento e oitenta graus acima de mim. E isso por uma hora e meia! Depois do pôr-do-sol, vem aquela hora maravilhosa para a qual não conheço palavra melhor que o latim *crepusculum*. É uma terceira realidade transcendente entre a luz e a noite. Nesse momento do dia, eu passava uma ou duas horas em estado de êxtase na proa do navio. Às vezes, perdia toda noção do que estava no alto e do que estava embaixo, do que era céu e do que era mar. E, assim como ocorre quando me sinto inspirado como escritor, eu perdia toda consciência de mim mesmo e me sentia unido com a criação. Por isso, em um de meus poemas, eu disse claramente ao Divino Amado: 'Não preciso crer em Ti. Não é questão de crer. Eu Te conheço. Ajuda-me. Ajuda-me a conhecer-Te, a amar-Te e a servir-Te com todas as minhas forças.'"

Santa Gertrudes, a Grande, é a padroeira da devoção ao Coração de Jesus. Na Europa, ela foi particularmente popular da Idade Média até o século XVII. Santa Gertrudes, mística alemã, recusou a oportunidade de empenhar-se em estudos seculares para dedicar-se totalmente à vida contemplativa. Mais tarde, seus escritos influenciaram Santa Teresa de Ávila.

(Coleção Particular de José Aragon)

De modo muito semelhante, as experiências místicas de Santa Teresa de Ávila convenceram-na de que a meta última da vida espiritual era dar-se totalmente aos outros, renunciando a si mesma em todas as circunstâncias. Sua vida mística a tornou consciente da natureza divina que estava nela e em todos os outros seres. Essa consciência, por sua vez, lhe ensinou que até os acontecimentos mais mundanos e aparentemente insignificantes devem ser encarados sem malícia, egoísmo ou cobiça, mas sempre com amor, compaixão, alegria e grande senso de humor. Nas palavras eloqüentes do padre Thomas Keating: "A energia de graça que [o místico] recebe de Deus, à semelhança de uma fonte inesgotável, é partilhada com aqueles que com ele convivem e com outros muito mais longe. Através dele, Deus derrama a luz, a vida e o amor divinos sobre a família humana."

PARTE III

LIÇÕES QUE OS SANTOS NOS DÃO

INTRODUÇÃO

C om mais de quatro mil santos oficialmente reconhecidos pela Igreja, seria necessária toda uma vida de dedicação ao estudo para que alguém pudesse verdadeiramente intitular-se especialista em santos. Alban Butler, grande estudioso dos santos que viveu no século XVIII, certamente o percebeu. Sua obra *Vida dos Santos*, famosa mas altamente condensada, ocupa quatro grandes volumes, mas nem ele conseguiu familiarizar-se com todos os santos. A tarefa é grande demais.

Em face do problema de decidir quais santos destacar neste livro, enviei cartas a vários grandes estudiosos da história da Igreja, inclusive a uma famosa teóloga feminista e a um conhecido professor de Notre-Dame. Junto com as cartas, enviei um projeto do livro e uma lista preliminar dos santos que pretendia retratar. Pedi a esses homens e mulheres que criticassem a minha lista e oferecessem sugestões para a melhoria do livro. As respostas que recebi foram extremamente variadas. Um dos que responderam afirmava ser imperioso incluir mais santos da América do Sul; outra insistia em que eu incluísse mais mulheres; outros dois me encorajavam a buscar alguns santos mais exóticos, a respeito dos quais pouco ou nada se escrevera. Em pouco tempo, ficou claro que eu jamais conseguiria satisfazer a todos, e muito menos aos estudiosos; por isso, desisti de tentar. O que fiz, em vez disso, foi voltar-me para aqueles santos que mais me atraem, aqueles cujas vidas e feitos cativam-me o coração e a imaginação por lançarem luz sobre algum aspecto importante da vida espiritual.

Nas páginas seguintes, você verá que os santos que admiro procedem de diversos períodos históricos e representam um amplo espectro de caminhos de santidade. Decidi incluir um perfil de Maximiliano Kolbe, o mártir de Auschwitz, por ter sido uma das almas mais extraordinariamente compassivas e corajosas de todos os tempos. Tracei o perfil de Joana d'Arc porque também ela manifestou grande coragem, embora sua coragem me pareça ser bem mais temerária e egocêntrica que a de São Kolbe. São Jerônimo não figura nestas páginas porque eu goste muito dele, mas porque não gosto. Sua vida foi marcada por um estilo furioso e belicoso, mas ele me ensinou tanto quanto qualquer outro santo.

Embora as teólogas feministas contemporâneas tenham o costume de desmerecer Santo Agostinho por seu inegável chauvinismo, não fui capaz de deixá-lo fora desta seleção. Não achei nem um pouco difícil perdoá-lo pela visão antiquada que tinha das mulheres, pois suas visões teológicas me enriqueceram imensamente. Traço aqui o perfil de Madre Elizabeth Seton porque ela me ensinou muitas coisas a respeito da natureza da desgraça e de como lidar com ela através da fidelidade e da constância. E São Francisco — o mais popular dos santos, sobre o qual tanto já se sabe —, por que o incluí? Simplesmente porque ele era o santo predileto de meu irmão Kenny e porque há uma imagem do frade gentil sobre a colina em que Kenny está enterrado.

Madre Francisca Cabrini é destacada nestas páginas por ter me encantado com seu humor simples e descomplicado e sua espiritualidade ativa e nem um pouco misteriosa. Para ela, não havia nada de complicado no caminho do serviço da compaixão. Nunca perdeu a vontade e por isso sempre encontrou "o caminho". Decidi traçar o perfil de São Patrício porque dele a maioria das pessoas só conhece a lenda, que é muito menos interessante que sua vida real. Santa Teresa de Ávila e São João da Cruz figuram juntos porque, além de terem sido cúmplices na transgressão, foram cúmplices no espírito. Santa Teresa trouxe São João para os assuntos humanos, enquanto ele a aproximou dos assuntos do coração. Juntos, eles fizeram mais para melhorar a qualidade da vida mística cristã do que qualquer outro par de santos em toda a história.

O que há de belo nos santos é que eles não nos proporcionam só filosofia, mas também biografia: são exemplos vivos de verdade espiritual. Deve-se creditar aos fundadores da Igreja primitiva, e especialmente a Jesus, esta ênfase na "história viva", pois eles reconheceram instintivamente que todos aprendem melhor a partir de exemplos vivos de pessoas que servem de modelo, do que a partir de elevadas abstrações ou dogmas gravados na pedra. A tradição budista é marcada por uma sabedoria semelhante, pois nela os fiéis são encorajados a estudar a vida dos grandes bodhisattvas, homens e mulheres compassivos que poderiam ter escolhido o nirvana mas optaram, em vez disso, por permanecer na Terra para dar assistência aos que sofrem. Na tradição católica, do mesmo modo, temos os santos — homens e mulheres cujas vidas são encarnações vivas dos princípios cristãos em ação. Eles permanecem, não só porque viveram para um grande objetivo espiritual, mas porque conclamam a cada um de nós a fazer o mesmo hoje.

Bodhisattva na postura de meditação.
(Robert Newman. Cortesia do Museu Britânico)

8

O APÓSTOLO DE AUSCHWITZ
São Maximiliano Kolbe

Em agosto de 1941 foi selado o destino de São Maximiliano Kolbe. Um prisioneiro escapara do pavilhão 14 de Auschwitz, e o comandante Rudolf Höss, da SS, encarregou o vice-comandante Fritsch de castigar os demais prisioneiros pela afronta ao domínio nazista. Fritsch reuniu no pátio da prisão os seiscentos internos do pavilhão 14 e disse: "Em represália pela fuga de seu colega, dez de vocês vão morrer de fome. Da próxima vez, serão vinte."

A escolha começou imediatamente. Francisco Mleczko, um dos sobreviventes, rememorou a cena durante as audiências do processo de beatificação de São Maximiliano: "Eu estava para trás, na quinta ou sexta linha, e era o quinto ou sexto a contar da extremidade de onde Fritsch começou. Enquanto ele se aproximava cada vez mais, meu coração batia forte. Eu rezava: que ele passe, que ele passe por mim, ó, passe, passe. Mas não. Ele parou bem na minha frente. [...] Depois, em polonês, ele ordena: 'Abra a boca.' Eu abro. Ele olha... e continua andando. Então voltei a respirar."[1]

O vice-comandante Fritsch foi em frente, escolhendo a seu bel-prazer os inocentes que morreriam de fome. Quando terminou sua seleção, um dos condenados começou a soluçar: "Minha mulher e meus filhos!" Era Francisco Gajowniczek, de quarenta anos, sargento do exército polonês.

O padre Maximiliano Kolbe ficou preso em Auschwitz, o infame campo de concentração que os nazistas estabeleceram na Polônia durante a Segunda Guerra Mundial. Nesta gravura, ele pede ao vice-comandante Fritsch que lhe permita tomar o lugar de um dos dez prisioneiros condenados à morte em represália pela fuga de outro prisioneiro. A cena foi imortalizada pelo professor Miecislaus Koscielniak, artista polonês e também prisioneiro em Auschwitz.
(Frades Franciscanos de Marytown)

Enquanto Gajowniczek continuava a chorar, um prisioneiro que estava nas últimas fileiras começou a abrir caminho até a frente. Alarmados, os soldados nazistas lhe ordenaram que parasse, ameaçando-o com as armas. O prisioneiro corajoso era o padre Maximiliano Kolbe. "Herr Kommandant, tenho um pedido a fazer", disse ele.

"O que você quer?", disse Fritsch.

*Se você soubesse como estou feliz! Meu coração
está cheio daquela paz e alegria que já podem ser
saboreadas aqui na Terra. Sim, apesar das
ansiedades e preocupações de cada dia, no fundo
do meu coração há sempre uma paz e uma alegria
que não consigo descrever.*

— SÃO MAXIMILIANO KOLBE

"Quero morrer no lugar deste prisioneiro", respondeu Kolbe, apontando para Gajowniczek. "Não tenho mulher nem filhos. Além disso, sou velho e não sirvo para nada. Ele está em melhores condições."

"Quem é você?", perguntou Fritsch.

"Um padre católico", disse Kolbe.

"Concedido!", rosnou Fritsch.

Maximiliano Kolbe deu um passo à frente e Gajowniczek deu um passo atrás. A troca foi feita.

No dia 14 de agosto de 1941, depois de sobreviver por duas semanas no pavilhão onde ficavam os prisioneiros que deveriam morrer de fome, São Maximiliano Kolbe foi assassinado pelos nazistas com uma injeção de ácido carbólico. Na manhã seguinte, seu corpo foi incinerado no crematório de Auschwitz.

A notícia do supremo heroísmo de São Maximiliano espalhou-se rapidamente pelo campo. Em pouco tempo, prisioneiros transferidos comunicaram o fato a outros campos. O efeito do heroísmo altruísta de Kolbe foi assim resumido por George Bilecki, sobrevivente de Auschwitz, que testemunhou no processo de beatificação de Kolbe em 1971:

"A comoção foi enorme em todo o campo. Ficamos sabendo que um de nós, naquela noite escura espiritual da alma, estava levantando bem alto o estandarte do amor. Uma pessoa desconhecida como todas as outras, torturada e destituída de seu nome e posição social, encarou uma morte horrível pelo bem de outro que não era sequer seu parente. E nós exclamávamos: então não é verdade que a humanidade foi lançada num pântano de lama e pisoteada, subjugada por opressores e vencida pelo desespero! Milhares de prisioneiros se convenceram de que o mundo como deveria ser continuava a existir e que nossos torturadores não seriam capazes de destruí-lo. Muitos começaram a procurar esse mundo dentro de si mesmos, o encontraram e partilharam-no com seus companheiros de campo, de modo que esse encontro com o mal fortalecesse a todos. Dizer que o padre Kolbe morreu por nós ou pela família daquela pessoa é uma simplificação grosseira. Sua morte foi a salvação de milhares de pessoas. E, na minha opinião, é nisto que está a grandeza daquela morte. É assim que ela nos fez sentir. Enquanto vivermos, nós, que estivemos em Auschwitz, vamos inclinar a cabeça em memória desse acontecimento, assim como, naquela época, inclinávamos a cabeça diante do pavilhão dos que morriam de inanição. Foi uma comoção cheia de otimismo, regeneradora, fortalecedora; ficamos estupefatos com a sua atitude, que para nós foi uma forte explosão de luz naquele campo escuro."

Quem foi este santo de Auschwitz? Este homem que aceitou morrer por um amigo desconhecido? Este homem que João Paulo II considera seu herói espiritual?

Segundo todos os relatos de que dispomos, Maximiliano Kolbe foi uma pessoa simples, calorosa e imensamente humana, que afirmou certa vez não querer nada da vida senão "aprender a amar sem limites".

Nascido em 1894, em uma família polonesa de tecelões pobres que habitava na cidade de Zdúnska Wola, Kolbe foi um de cinco irmãos. Em outubro de 1912, em virtude dos grandes dotes intelectuais que de-

Maximiliano Kolbe como jovem seminarista.
(Frades Franciscanos de Marytown)

O padre Maximiliano Kolbe em sua escrivaninha em Nagasaki, Japão, de onde dirigia a revista "O Cavaleiro da Imaculada", cuja circulação já era internacional, e onde preparava as aulas que dava no seminário.

(Frades Franciscanos de Marytown)

monstrou como estudante de um colégio franciscano, foi mandado para a Pontifícia Universidade Gregoriana, em Roma, onde viria a se doutorar tanto em filosofia quanto em teologia sagrada. Mas seus estudos foram interrompidos por certo tempo devido a um caso grave de tuberculose. Preso à cama durante os longos meses de sua recuperação, consolidou seu desejo de evangelizar. Por isso, em 1919, depois de completar seu segundo doutorado, voltou à Polônia e imediatamente começou a publicar *O Cavaleiro da Imaculada*, revista livre, dirigida ao público leigo, contendo notícias e a doutrina da Igreja Católica.

O *Cavaleiro*, como o chamavam, fez sucesso de imediato. Tanto, aliás, que, para dar conta do volume cada vez maior de trabalho necessário para sua publicação, Kolbe e seus colegas franciscanos construíram em 1927 um grande convento associado a uma gráfica num terreno que lhes fora doado por um nobre local, logo a oeste de Varsóvia. Kolbe deu ao convento o nome de Niepokalanow, que significa "propriedade de Maria".

São Maximiliano teve durante toda a vida grande devoção a Maria, porque ela lhe aparecera em sua infância para prometer-lhe uma vida de pureza e anunciar-lhe seu futuro martírio. Após sua morte, sua mãe recordou: "Eu sempre soube que [meu filho] morreria mártir, devido a algo de extraordinário que aconteceu na sua infância. [...] Certa vez, eu não gostei de algo que ele fez e lhe disse: 'Filhinho, não sei o que vai ser de você!' Depois não pensei mais no que havia dito, mas logo notei que meu filho mudara tanto que estava irreconhecível. Tínhamos [em casa] um pequeno altar escondido no qual ele estava sempre se abrigando. Em geral, ele parecia mais velho que os meninos da sua idade. Estava sempre [...] sério e rezando com lágrimas nos olhos. Comecei a achar que ele talvez estivesse doente, então lhe perguntei: 'O que você tem?' E insisti: 'Você tem que contar tudo para a mamãe.'

"Tremendo, com lágrimas nos olhos, ele me contou: 'Quando a senhora me disse "O que vai ser de você?", rezei muito para Nossa Senhora para que ela me dissesse o que seria de mim. Mais tarde, na igreja, rezei de novo. Então a Virgem Mãe me apareceu segurando em suas mãos duas coroas, uma branca e outra vermelha. Ela me olhou com amor e me perguntou se eu as queria. A branca significava que eu permaneceria puro, e a vermelha, que eu morreria mártir. Eu disse que sim, que as queria. Então a Virgem me olhou com ternura e desapareceu."[2]

Isso quer dizer que São Maximiliano já sabia de seu destino desde a infância, embora jamais tenha contado essa história a ninguém, exceto à sua mãe. Mas ele ainda tinha muito trabalho a fazer antes de deixar este mundo, e dedicou-se integralmente à administração cotidiana de Niepokalanow. Depois de dois anos de sua fundação, já havia quase 150 frades que lá trabalhavam e adoravam a Deus. Em 1938, Niepokalanow se transformara no maior convento do mundo, com oitocentos frades e onze publicações. Só o *Cavaleiro* tinha uma circulação de mais de um milhão de exemplares. Um dos frades recorda: "Lá havia gente trabalhando quase vinte e quatro horas por dia. [...] O padre Kolbe era um homem muito progressista. Dizia: 'Se Jesus ou São Francisco estivessem hoje aqui na Terra, usariam a tecnologia moderna para chegar até as pessoas.' Por isso, antes mesmo da Segunda Guerra Mundial, Niepokalanow já tinha uma estação de rádio, estava se preparando para entrar na televisão, tinha um jornal diário, etc. Ele dizia: 'Quanto mais se sabe, tanto melhor se pode servir a Deus.'"

No dia 1º de setembro de 1939, quando os nazistas invadiram a Polônia, as atividades editoriais de Kolbe começaram a desmoronar. Como Niepokalanow estava exatamente sob a linha de vôo dos bombardeiros alemães, ele pediu a muitos de seus frades que deixassem o convento, por segurança. O padre Kolbe permaneceu em Niepokalanow para administrar a abertura do convento aos refugiados. Havia dias em que o convento chegava a acolher três mil pessoas. O padre Kolbe garantia que recebessem alimento, vestes, cuidados médicos e, se necessário, aconselhamento espiritual. Diz-se que manifestava um amor especial pelos judeus e que nunca negou entrada a nenhum refugiado.

No dia 17 de fevereiro de 1941, os nazistas paralisaram o funcionamento de Niepokalanow e detiveram o padre Kolbe, acusado de traição. Ele foi levado à prisão de Pawiak e, em maio de 1941, transferido para Auschwitz.

E foi assim que, em agosto de 1941, conformando-se aos mais destacados exemplos de caridade e coragem cristãs, o prisioneiro número 16.670 deu a vida para que outro pudesse viver. No dia 9 de novembro de 1982, o Papa João Paulo II declarou-o santo: "E assim, em virtude de minha autoridade apostólica, decreto que Maximiliano Maria Kolbe, venerado como confessor depois de sua beatificação, seja doravante venerado também como mártir."

Sigmund Gorson, que chegou a Auschwitz aos treze anos de idade, conheceu bem o padre Kolbe no campo de concentração. Suas recordações de São Maximiliano servem para nos lembrar de que a luz sempre brilhará onde houver amor, por mais desesperadas que sejam as circunstâncias.

"Eu vivia procurando algo que me ligasse a meus pais assassinados, tentando encontrar um amigo do meu pai, um vizinho — alguém, naquela massa humana, que os tivesse conhecido, para que eu não me sentisse tão sozinho.

"E foi assim que Kolbe me encontrou: vagando, por assim dizer, à procura de alguém a quem me ligar. Ele foi para mim como um anjo.

Como uma galinha com o pintinho, ele abriu as asas para me acolher. Costumava enxugar minhas lágrimas. Depois daquilo, acredito mais em Deus. Por causa da morte de meus pais, eu me perguntava: 'Onde está Deus?', e tinha perdido a fé. Kolbe me devolveu aquela fé."

Refletindo sobre as várias fotografias de São Maximiliano Kolbe que já vi, impressiono-me ao constatar o quanto seu rosto e seu porte me lembram da maior futura santa ainda viva, Madre Teresa de Calcutá. Ambos manifestam uma qualidade que os Salmos denominam "beleza da santidade", uma luminosidade e brilho que os envolve. O rosto de ambos é iluminado por uma luz ultramundana, calma, gentil, não obstante o fato de São Maximiliano ter sido tão prático e descomplicado quanto Madre Teresa, tão dedicado quanto ela a servir o próximo com toda a energia que lhe vinha do coração. São Maximiliano também tem em comum com Madre Teresa o amor por São Francisco e pelo riso, muito embora ambos tenham dedicado suas vidas ao serviço dos sofredores. No meio de todos os horrores de Auschwitz, Maximiliano Kolbe jamais abriu mão de sua humanidade essencial, assim como Madre Teresa na pobreza desesperada das favelas da Índia. Através da sensibilidade atenciosa à vida alheia, ambos vieram a compreender a grande sabedoria de São Paulo: "Onde se acha o espírito do Senhor, aí está a liberdade."

O padre Maximiliano Kolbe ouvindo confissões em Auschwitz.

(Frades Franciscanos de Marytown)

ORAÇÃO A SÃO MAXIMILIANO KOLBE
Pela Coragem

A última fotografia de São Maximiliano Kolbe, tirada em dezembro de 1940, provavelmente para fins de identificação sob a ocupação nazista.

(Frades Franciscanos de Marytown)

Através de tua vida e obra, provaste que não há nada mais precioso que a humanidade essencial que está em nós. Peço-te que fiques do meu lado e me dês a coragem de viver todos os dias com justiça, compaixão e respeito por todas as coisas vivas seguindo o teu exemplo. Mostraste também que a fé profunda pode exigir uma ação nobre e heróica. Para que seja fiel a mim mesmo, São Maximiliano, peço-te que fiques ao meu lado também nas horas mais difíceis. Lembra-me de conservar a coragem da minha convicção. Ajude-me a dar sentido a todas as minhas atividades e a ter coragem para encontrar o grande sentido e objetivo aos quais quero dedicar toda a minha vida.

9

A VONTADE DE CRER
Santa Joana d'Arc

Sempre respeitei as virtudes da discrição e do silêncio, mas tenho preferência muito maior pela audácia e pela persistência nos meus amigos — e sobretudo nos meus santos. Talvez isso explique por que Joana d'Arc, mártir e padroeira da França, vem me cativando há mais de vinte anos, ela que é uma das figuras mais corajosas, trágicas e imensamente humanas do rol dos santos. Temerária e audaciosa do começo ao fim, sua vontade de ferro tem sido motivo de inspiração para milhões de pessoas ao longo de centenas de anos. Foi uma pioneira das causas da liberdade, do nacionalismo e do feminismo, e também, nas palavras bem-humoradas de George Bernard Shaw, "pioneira da vestimenta racional para mulheres".

Embora os historiadores não sejam unânimes a respeito de alguns fatos da vida de Santa Joana, todos concordam que ela nasceu na festa da Epifania, no dia 6 de janeiro de 1412, e que a França, na época de sua juventude, estava à beira do colapso. Quando ela nasceu, a Guerra dos Cem Anos entre a Inglaterra e a França já vinha se estendendo havia 75 anos, e o moral dos franceses piorava a cada dia enquanto o exército inglês ia acumulando vitórias. Em 1419, no sétimo ano da vida de Santa Joana, a situação francesa piorou de modo ainda mais drástico quando o rei inglês Henrique V subjugou Paris e forçou o francês Carlos

VI a abdicar do trono e deserdar seu filho, o delfim Carlos VII, que ainda resistia no sul da França.

No decorrer dos seis anos seguintes, o delfim a duras penas conseguiu sobreviver. Em 1428, porém, quando o exército inglês marchou rumo ao sul para sitiar a cidade de Orleans, as forças do delfim achavam-se em tal estado de confusão que nada fizeram para resistir ao avanço inglês. Foi nesse momento de desespero, aos dezesseis anos de idade, que Santa Joana começou a ouvir vozes celestes. De início, não ouviu senão uma só voz, acompanhada de uma luz resplandecente: "[...] veio essa voz por volta do meio-dia, no verão, no jardim da casa de meu pai. [...] Ouvi a voz vinda da igreja [...] uma grande luz." Com o tempo, ela começou a ouvir várias vozes, sobretudo "ao bater dos sinos, na hora das vésperas e pela manhã". Foi capaz de identificá-las como as vozes de São Miguel Arcanjo, de Santa Catarina de Alexandria (uma das santas mais populares da época de Joana, que sofreu a tortura da roda) e Santa Margarida de Antioquia, outra mártir legendária. A princípio, as vozes só falavam de ajudar a Deus. Mas em maio de 1428, quando Santa Joana já tinha dezesseis anos, as vozes comandaram-na a ajudar o rei da França a reaver o seu reino. "Vai, filha de Deus", disse-lhe São Miguel. "Estarei contigo. Vai! Vai! Vai!"

Apesar da aparente inutilidade de atender ao pedido de São Miguel, Santa Joana determinou-se a persuadir o delfim a arrancar dos ingleses o trono a que tinha direito. Sua primeira atitude foi persuadir o primo a levá-la a encontrar-se com Robert Baudricourt, comandante do exército do delfim na região da Vaucouleurs. Como seria de esperar, Baudricourt riu-se ao ver a jovem e negou-lhe o pedido de ser conduzida à presença do rei deposto.

Voltando para casa, Santa Joana comunicou aos santos a recusa de Baudricourt, acrescentando que não sabia nada da guerra e não entendia por que eles a haviam escolhido para tão árdua missão. Eles responderam simplesmente: "É Deus quem o quer." Pouco disposta a dizer não à vontade de Deus, ela voltou para falar com Baudricourt. Impressionado com sua tenacidade e disposto a acreditar no que ela dizia, visto ter-se verificado sua predição da derrota do exército francês numa região distante, Baudricourt concordou em levá-la a Chinon, com uma escolta, para ver o delfim.

120

O delfim a recebeu com frieza. Aliás, estava tão cético a respeito da jovem que a submeteu a uma prova. Antes de encontrá-la, vestiu-se como os nobres da corte e impôs os paramentos reais a um de seus cortesãos. Não obstante, quando Joana entrou no palácio, identificou imediatamente o delfim Carlos e caminhou na sua direção, falando-lhe de pensamentos que ele tivera e não revelara a ninguém senão a Deus. Impressionado mas ainda hesitante, o delfim exigiu que ela se submetesse ao inquérito de uma comissão de autoridades eclesiásticas de Poitiers. Depois de semanas de interrogatório, a comissão concluiu que Santa Joana fora de fato enviada por Deus e que o delfim Carlos devia prestar-lhe assistência. Quando a comissão lhe perguntou por que ela se sentia tão segura de sua missão, Santa Joana respondeu: "Acreditei que fosse um anjo a me falar, e tive a vontade de crer."

O delfim nomeou Santa Joana comandante suprema do exército francês, e ela, com dezessete anos de idade, demonstrou imediatamente ser uma organizadora hábil e incansável e uma estrategista militar brilhante. Em 29 de abril de 1429, antes que suas tropas partissem para a famosa batalha de Orleans, Santa Joana exigiu que todos se confessassem. E quando iniciaram a marcha, ela colocou à frente um grupo de sacerdotes que cantavam, enquanto ela seguia logo após trajando uma armadura branca, com as palavras *Jesus Maria* escritas sobre a couraça que lhe protegia o peito.

A vitória decisiva em Orleans foi seguida de uma série de brilhantes vitórias militares, culminando na batalha de Patay, em 18 de junho de 1429. Nesse mesmo ano, Carlos foi coroado rei. Mas a maré mudou no dia 23 de maio de 1430, quando ela comandou um ataque aos borgonheses, que se haviam aliado aos ingleses. À medida que a sorte da batalha começou a voltar-se contra o exército de Santa Joana, sua fuga foi bloqueada e ela acabou capturada pelo borgonhês João de Luxemburgo. Permaneceu na prisão de Luxemburgo até 21 de novembro, quando do foi vendida aos ingleses por uma quantia considerável (na época, o pagamento de resgate era coisa comum). Durante o tempo em que permaneceu prisioneira, nem o rei Carlos nem qualquer de seus súditos procurou libertá-la ou pagar seu resgate. Especula-se muito acerca dos motivos pelos quais Carlos insistia em ignorar Santa Joana. Basta dizer que ela nunca fora uma personagem popular na corte de Carlos, tendo

Joana d'Arc carregando a bandeira e comandando seu exército para a batalha.
(Maryknoll Fathers)

*O orgulhoso que confia em si mesmo pode ter
medo de algum empreendimento, mas a coragem
dos humildes cresce na proporção do sentimento
de sua própria insuficiência. Ganham força à
medida que reconhecem a própria fraqueza, pois
apóiam-se em Deus.*

— SÃO FRANCISCO DE SALES

sido adotada somente como último recurso. Estava para se verificar outra de suas previsões: "Vou durar só um ano, ou pouco mais."

Quando Santa Joana caiu nas mãos dos ingleses — nação ainda indignada em virtude das muitas perdas que ela lhes causara —, todos passaram a esperar sua execução. Como os ingleses não podiam condená-la legalmente por havê-los derrotado em batalha, acusaram-na de heresia e feitiçaria por recusar submeter-se à vontade da Igreja. Submetida a julgamento, em Paris, por sessenta juízes franceses que haviam se aliado aos conquistadores ingleses, Santa Joana foi interrogada muitas vezes acerca de sua crença em que seu chamado viera diretamente de Deus, e não por intermédio da Igreja. (As atas do processo notam também que ela foi acusada de roubar o cavalo de um bispo, que seu cabelo era "cortado ao redor das orelhas" e que, nela, não havia nada que lhe "revelasse e manifestasse o sexo, exceto as marcas distintivas da própria natureza".)

No que diz respeito às suas visões e às vozes que ouvia, Santa Joana não sentiu muita necessidade de defendê-las. Quando lhe interrogaram sobre suas visões durante o julgamento, as atas do processo nos dizem que ela simplesmente replicou: "Os anjos? Ora, eles estão com freqüência entre nós. Os outros podem não vê-los, mas eu vejo." Quando lhe perguntaram se Santa Margarida lhe falava em inglês, ela respondeu: "E por que falaria inglês? Ela não está do lado dos ingleses." E quando indagaram se São Miguel lhe aparecia nu, disse: "Pensais que Deus não tem como vesti-lo?"

Afirmando que seu chamado à batalha viera diretamente de Deus e que tudo o que havia feito fora a Seu serviço, Santa Joana não se mostrava disposta a colocar a Igreja acima das instruções explícitas do seu Senhor. Embora ela considerasse a Igreja importante e sagrada, afirmou que a Igreja sempre permaneceria em segundo plano diante das exigências de Deus. "Tudo o que fiz o fiz em obediência a um mandado do Senhor", disse ela a certa altura do processo, que durou cinco meses. Santa Joana foi considerada culpada. O tribunal decretou que suas visões não vinham de Deus, mas do diabo. Foi sentenciada como "herética, idólatra, apóstata". Ameaçada com a morte, foi induzida fraudulentamente a concordar em submeter-se, por fim, à autoridade da Igreja. Dentro de poucos dias, porém, voltou a afirmar que sua autoridade viera diretamente de Deus. Como poderia obedecer aos sacerdotes quando Deus lhe comandava outra coisa? "Nunca fiz nada contra Deus nem contra a fé."

No dia 29 de maio de 1431, Santa Joana foi condenada à fogueira. Encarou a morte com mansidão, rogando a Deus que perdoasse seus juízes e o povo inglês. Pediu aos sacerdotes que rezassem uma missa por ela, enquanto um soldado inglês lhe deu uma cruz feita com dois pedaços de madeira, que ela segurou firme de encontro ao peito. Sua última palavra foi o nome de "Jesus", que ela pronunciou num forte grito. Tinha dezenove anos de idade.

Vinte e três anos depois da execução de Santa Joana, sua mãe e dois de seus irmãos pediram a reabertura do processo. O Papa Calixto III designou uma comissão para esse propósito. Em 7 de julho de 1456, a Igreja concluiu que Joana não fora submetida a um processo justo. Quatrocentos e cinqüenta anos depois, no dia 16 de maio de 1920, ela foi canonizada.

Evidentemente, a Igreja passou a acreditar que as visões de Santa Joana de fato provinham de Deus. Não obstante, suas visões sugerem questões interessantes para aqueles que se empenham numa busca espiritual. Se temos visões, como saber quando confiar nelas e fazer o que elas nos dizem? Como saber se elas vêm realmente de Deus ou de Seus santos representantes? Não corremos o risco de agir com base em visões que, longe de serem divinas, são o produto de uma perturbação psicológica doentia?

São João da Cruz achava que certas visões são mais perigosas que úteis, pela simples razão de que a maioria das pessoas são incapazes de distinguir entre quando Deus lhes fala e quando elas falam consigo mesmas. Ele chegou a afirmar que o melhor talvez seja desconsiderar todas as visões que nos vêm. O padre Thomas Keating, monge trapista que tem grande devoção por São João da Cruz, explicou-me que São João não se opunha categoricamente às visões e às vozes, mas se preocupava muito com o perigo de homens e mulheres agirem inspirados por visões contrárias à vontade de Deus. Por isso o padre Keating sugere que tenhamos muito cuidado ao interpretar as visões que nos vêm, sobretudo aquelas que nos incitam a tomar alguma atitude radical que possa afetar negativamente a vida de outras pessoas. Também nos exorta a procurar o conselho de alguém experimentado na vida espiritual, que nos ajude a interpretar o significado e o valor de nossas visões.

O fato de as visões de Santa Joana terem vindo ou não de Deus não é importante para mim; sou menos impressionada pelos dons sobrenaturais que por uma extraordinária força de vontade humana. Santa Joana, talvez mais que qualquer outro santo, teve a vontade de crer. A partir do momento em que deu início à sua audaciosa missão, deparou com a dúvida e o desencorajamento por parte de todos. Mas sua fé no valor de sua missão e na verdade da sua vocação era tão forte que ela perseverou, contra toda expectativa. Aqueles que já foram forçados a suportar um período de dor ou dificuldades na vida sabem o quanto é difícil conservar esse tipo de fé inabalável que animou Santa Joana. Em épocas de grande tristeza, quando o coração grita: "Por que, Deus? Por que eu?", deparamos com uma escolha: Sucumbir às dúvidas, ao desespero, e deixar-se vencer pela tristeza? Ou agarrar-se cada vez mais firmemente, como Santa Joana, à convicção de que a vida, apesar de suas provações e desgraças, de seus horrores e alegrias, é uma realidade sublime que não deve ser desperdiçada em buscas inúteis ou vazias? Desistir ou seguir em frente; continuar firme ou largar tudo; crer ou descrer? A escolha se apresenta a todos nós — mas é preciso ter cuidado. São escolhas que, em última análise, definem a nossa vida; são nelas que encontramos o significado da vida.

ORAÇÃO A SANTA JOANA
Pela Fé

Joana d'Arc preparando-se para morrer na fogueira.
(Maryknoll Fathers)

Diante de teus inimigos, diante dos tormentos, do ridículo e da dúvida, te apegaste firmemente à tua fé. Diante do abandono, sozinha e sem amigos, te apegaste firmemente à tua fé. Mesmo quando tiveste de encarar a tua própria mortalidade, te apegaste firmemente à tua fé. Peço-te, Santa Joana, que nas minhas crenças eu seja corajosa como tu. Peço-te que cavalgues a meu lado em minhas lutas. Ajuda-me a saber que as coisas boas podem ser conquistadas com persistência. Ajuda-me a permanecer firme na fé. Ajuda-me a crer na minha capacidade de agir com bondade e sabedoria.

10

A CORAGEM DE ENFRENTAR
São Jerônimo

Quando penso em São Jerônimo, constato a sabedoria de uma frase de Ralph Waldo Emerson: "A melhor coisa depois das boas pregações são as más pregações." São Jerônimo foi homem de muitos talentos e muitos estados de espírito, alguns dos quais se caracterizavam pela raiva e pela extrema presunção. Briguento e intratável, levava muitíssimo a sério a si mesmo e a quase tudo o que fazia. É difícil imaginar um homem como São Jerônimo, rápido para condenar e lento para perdoar, sendo canonizado no mundo de hoje. Não obstante, sinto-me estranhamente atraída por este santo do deserto, talvez por crer que suas más pregações tenham me ensinado tanto quanto suas boas pregações. São Jerônimo foi um santo inegavelmente humano, pois suportou e manifestou de modo tão evidente muitas das imperfeições que desfiguram a vida de todos nós. Mas nunca exigi de meus santos que fossem anjos ou deuses; só exijo que tenham algo de bom a ensinar. E São Jerônimo me ensinou muito, não só acerca da necessidade de enfrentar os outros de vez em quando, expondo-lhes seus defeitos, mas também acerca do perigo de fazê-lo sem ter por eles uma imensa sensibilidade e generosidade.

Nascido por volta do ano 340 em Stridon, na Dalmácia (na região que corresponde à antiga Iugoslávia), São Jerônimo recebeu o nome de

Eusébio Jerônimo Sofrônio, que significa "o reverendo sábio, cujo nome é santo". À semelhança de Santo Agostinho, seu contemporâneo, nasceu de uma família rica que lhe forneceu uma educação de primeira linha, abarcando tanto os clássicos latinos quanto a religião romana. Foi essa educação clássica que, mais à frente, permitiu que ele passasse dezoito anos traduzindo a Bíblia para o latim. A versão de São Jerônimo, conhecida atualmente como Vulgata, é ainda hoje considerada o escrito mais influente de todo o século IV. Embora não seja perfeita enquanto tradução, elevou a língua latina a um novo patamar de beleza e elegância e colaborou para a disseminação do Evangelho por todo o mundo mediterrâneo. Por esse feito, São Jerônimo recebeu o título de Doutor da Igreja quando de sua canonização e é conhecido atualmente como padroeiro dos estudos bíblicos.

Depois de alguns anos de estudo superior em Roma — onde se familiarizou com o melhor da literatura pagã, de Homero a Cícero —, São Jerônimo voltou a Stridon. Em 370, estabeleceu-se na cidade de Aquiléia, nas proximidades; Aquiléia é hoje um pequeno porto marítimo, mas na época era cidade grande, dotada de enormes colunatas e praças

São Jerônimo, eremita, erudito e padroeiro dos bibliotecários.
(Museu de Arte de Denver)

de mercado e contando talvez meio milhão de habitantes. Lá, formou com alguns amigos uma fraternidade dedicada à ascese. O grupo pregava um ascetismo tão extremado e uma piedade tão rigorosa que logo provocou a ira do bispo local, Valeriano (depois São Valeriano), que punha em questão a utilidade da ascese extremada e convocava São Jerônimo a ter mais disposição a perdoar e a aceitar a fragilidade humana.

São Jerônimo reagiu contra Valeriano naquele estilo que viria a tornar-se característico: ofensas pessoais seguidas de uma rigorosa exegese bíblica para provar sua opinião. Depois de dar vazão à ira, simplesmente ignorou Valeriano e retomou seu modo de vida austero, conservando, porém, um hábito profundamente arraigado: continuou a ler Cícero, Virgílio e outros escritores pagãos, embora os escritos deles freqüentemente se mostrassem em desacordo com a compreensão que São Jerônimo tinha do compromisso cristão. A Igreja primitiva reafirmava constantemente a total incompatibilidade entre a oração e a leitura da poesia pagã. Incapaz de separar-se dos clássicos que amava, São Jerônimo era um homem em conflito.

Procurando talvez consolidar sua fé cristã, São Jerônimo de repente partiu de Aquiléia, voltando o coração e a inteligência para a vida eremítica de Santo Antão. Ao lado dos companheiros Inocêncio, Heliodoro e Hilas, partiu para Jerusalém. Os quatro acabaram, porém, por estabelecer-se num mosteiro no deserto de Cálcis, próximo de Antioquia. Mas o clima mostrou-se demasiado severo; Inocêncio e Hilas morreram e o próprio Jerônimo caiu vítima de uma doença da qual só escapou a duras penas. Numa carta que depois escreveu a Santa Eustóquia, contou que, no calor da febre, entrou em delírio e sonhou que fora arrastado perante o tribunal de Cristo juiz. Quando Cristo lhe perguntou acerca de sua condição, respondeu que era cristão. "Mentes", tornou Cristo. "És ciceroniano e não cristão, pois onde está o teu tesouro, aí estará também o teu coração." Segundo o depoimento posterior de São Jerônimo, ele ficou profundamente abalado: "Emudeci prontamente, e [senti] os açoites, pois o Juiz ordenara que me açoitassem. [...] Por fim, os circunstantes prostraram-se perante Aquele que presidia a reunião e rogaram-lhe que perdoasse os pecados da minha juventude e me concedesse a oportunidade de arrepender-me de meus erros, ficando entendido que eu seria submetido à tortura máxima caso voltasse a ler os livros dos gentios.

[...] Não se tratou de mero sonho. [...] Assevero que meus ombros estavam chagados e que senti a dor dos açoites por muito tempo depois de ter acordado. [...] Daí em diante, passei a ler os livros divinos com maior afinco do que jamais dedicara às obras dos homens."

Depois desse sonho, Jerônimo tinha o costume de dizer em alta voz: "Que tem a ver Horácio com o saltério, Virgílio com os Evangelhos, Cícero com os apóstolos? Tudo é puro para os puros, mas não se deve beber do cálice do Senhor e do cálice dos demônios." Apesar de tudo isso, veio um tempo em que São Jerônimo pagava mais a seu copista pela transcrição de um diálogo ciceroniano que de um livro de homilias.

Santo Agostinho partilhava com São Jerônimo esse relacionamento de amor e ódio com os clássicos pagãos. Ambos os santos foram almas divididas e aflitas durante boa parte de sua juventude, porque não conseguiam conciliar o amor pelos escritos pagãos com o amor pelo Evan-

São Jerônimo em seu gabinete.
(Giovanni Bellini, National Gallery of Art, Londres)

gelho. Mais que quaisquer outros santos cristãos dos primeiros tempos, São Jerônimo e Santo Agostinho foram profundamente influenciados pelos clássicos, que tratavam mais dos prazeres e dores do aqui-e-agora que das glórias do mundo eterno que há de vir. Incapazes de selecionar os melhores ensinamentos dos escritos pagãos e aplicá-los à própria vida, ambos os santos acabaram por concluir que as obras dos gentios só serviam para destruir-lhes a fé. Não obstante, por toda a vida, ambos continuaram a buscar inspiração nessas obras, incapazes de dar as costas a uma das literaturas mais ricas e vibrantes de todos os tempos.

Depois de sarar, São Jerônimo deixou o mosteiro para percorrer os desertos do norte do Egito. "Para mim", disse certa vez, "a cidade é uma prisão, e a solidão do deserto, o paraíso." Passou os quatro anos seguintes no deserto de Cálcis, vivendo como mendigo errante, orando, jejuando, praticando diversas modalidades de penitência e estudando as Escrituras.

Quando finalmente saiu do deserto, em 379, São Jerônimo aprendera o hebraico. Foi ordenado sacerdote em Antioquia — sob a condição de não ser encarregado de nenhuma paróquia, pois queria viver como recluso. Três anos depois, foi chamado a Roma pelo Papa Dâmaso I; lá, como secretário do Papa, recebeu a incumbência de fazer traduções da Bíblia.

Em Roma, São Jerônimo continuou envergando a túnica e o manto de tecido cru dos eremitas do deserto e praticando a ascese, embora rodeado pelo luxo da corte papal. Sua reputação de santidade cresceu rapidamente, não só por ter ele se tornado mentor espiritual de homens e mulheres da aristocracia que se dedicavam à ascese do deserto então em moda, mas também devido à publicação das fervorosas cartas que escrevera quando no deserto. Nelas, ele declarava sua paixão pela pureza e falava da vida eremítica de modo a fazê-la parecer atraente. Além disso, no século IV, o santo era um homem à parte da sociedade e, por não estar vinculado a qualquer partido ou facção em disputas mesquinhas, era visto como um pacificador dos homens. O santo era considerado um amigo de Deus, capaz de exercer alguma influência junto ao Criador.

Essa era uma época de calorosas disputas teológicas, em que a questão do que significava ser cristão era tema de inúmeros debates. No que diz respeito à virtude cristã, São Jerônimo manteve-se apegado a crenças firmes que jamais repudiou. Quando usou os debates para criticar apaixonadamente os excessos da sociedade romana, sua reputação se desfez tão rapidamente quanto se formara. Ele ridicularizou os eclesiásticos que passavam seu tempo na companhia da alta sociedade, condenou o casamento dos sacerdotes e suas freqüentes transgressões sexuais, e fulminou os clérigos ricos e os préstitos de dignitários da Igreja. "Tais homens só pensam em suas roupas — seu perfume é agradável? Seus sapatos são confortáveis?"

Nem as mulheres romanas escaparam à virulência de São Jerônimo. "As mulheres que pintam as bochechas com ruge e os olhos com beladona, cujas faces são cobertas de pó-de-arroz [...] aquelas a quem não há número de anos que as possam convencer de sua velhice; que empilham as tranças sobre a cabeça em penteados altos [...] e se comportam como frágeis colegiais diante de seus netos [...]."

Sem demora, muita gente se sentiu ofendida pela piedade inoportuna de São Jerônimo e pela crítica mordaz que fazia ao estilo de vida romano. Alguns, depois de ouvir a acusação sarcástica de que andavam "na ponta dos pés para não sujar os sapatos", chegaram a propor que Jerônimo fosse atirado no Tibre junto com os demais monges de Roma. Mas, antes que tal ameaça pudesse se concretizar, morreu o Papa Dâmaso, em 384. Seu sucessor, que não tinha São Jerônimo em grande estima, não renovou seu mandato de secretário. Sete meses depois, São Jerônimo reuniu os livros que tanto amava e deixou Roma para sempre, partindo para a Terra Santa. Lá, juntaram-se a ele mais tarde duas de suas mais fervorosas seguidoras, Santa Paula e sua filha Eustóquia.

Ao chegar a Belém, São Jerônimo fundou um mosteiro. Sob sua direção espiritual, Paula e Eustóquia começaram a estudar hebraico e a governar um convento. Fundaram um albergue para os peregrinos que

O juízo temerário é um desvio espiritual que faz com que as coisas pareçam más. A cura é aplicar amor. Se teu coração for pacífico, teu juízo será pacífico; se for amoroso, amoroso será teu juízo.

— SÃO FRANCISCO DE SALES

visitavam a Terra Santa e estabeleceram em Belém uma escola para crianças. Apesar de sua desconfiança generalizada em relação às mulheres (talvez por tê-las achado tão atraentes na juventude), São Jerônimo tratava Paula e Eustóquia com grande respeito, colocando-as em posições de alta responsabilidade.

O próprio São Jerônimo, porém, não se dedicava em primeiro lugar às atividades sociais nem ao cuidado do próximo — era antes de tudo um erudito. Estabeleceu a própria cela numa caverna e pôs mãos à obra, dedicando-se àquilo que sabia fazer de melhor — estudar, escrever e traduzir. Ao longo dos quarenta e quatro anos seguintes, produziu centenas de obras de exegese bíblica e tomou parte em quase todos os debates teológicos importantes de seu tempo, chegando muitas vezes a ditar até mil linhas por dia a seus secretários. Quase todos os pensadores cristãos da época, de Santo Agostinho a Santo Ambrósio, leram avidamente seus escritos.

Embora São Jerônimo tenha sido de fato uma pessoa irascível, muitas vezes vingativa, também foi capaz de grande amor e dedicação. Quando morreu a discípula Paula, foi tomado de pesar. Era visto batendo no peito e suplicando aos brados por misericórdia. Ordenou que se fizesse um esplêndido funeral e escreveu um relato das muitas virtudes de Paula nas rochas da caverna onde ela foi sepultada. Quando terminou,

São Jerônimo.

aquele homem a quem nunca faltavam palavras recusou-se a falar de Paula daí em diante, dizendo apenas que suas "palavras estão gravadas na pedra".

Durante os últimos anos da vida de São Jerônimo, bárbaros vindos do Oriente Próximo arrasaram toda a Síria e a Palestina, deixando um rastro de lágrimas e destruição. Como escreveu São Jerônimo, "quantos mosteiros foram destruídos, quantos rios ficaram rubros de sangue? [...] O mundo romano está desabando". Morreu sozinho em sua cela, fraco e desesperançado, no dia 30 de setembro de 420, enquanto escrevia um comentário sobre o profeta Jeremias.

É inegável que, na sua época, São Jerônimo fez algumas pregações de má qualidade. Para um homem que passou a vida estudando as palavras de Cristo, é surpreendente que tenha se comportado de modo tão intolerante em relação aos outros. Ele me parece ter esquecido que Jesus nos disse, certa vez, que "aquele que estiver sem pecado na consciência, atire a primeira pedra". O problema da presunção de São Jerônimo (e de todos os presunçosos, em geral) é que ele não se deu conta de que era tão imperfeito quanto os que condenava — simplesmente não o sabia. Em vez de examinar atentamente a si mesmo a fim de questionar as próprias motivações e prever as conseqüências de suas explosões de ira, agia como se fosse um pilar de perfeição espiritual, totalmente imune ao erro.

Não obstante, cada pessoa tem o dever de enfrentar os outros de tempos em tempos, chamando-lhes a atenção para seu comportamento não plenamente humano: "Se o teu irmão pecar [contra ti], vai corrigi-lo a sós. Se ele te ouvir, ganhaste o teu irmão" (Mateus 18:15). São Tomás More pôs em prática esta passagem do Evangelho quando condenou abertamente a conduta do rei Henrique VIII, e por isso foi decapitado. Não há dúvida de que São Jerônimo tinha essa mesma coragem de enfrentar os irmãos. O que lhe faltava era a sensibilidade e a compaixão necessárias para fazê-lo com o espírito de amor e perdão preconizado por tantos outros santos. Sem essa sensibilidade e verdadeira preocupação por aqueles que enfrentamos, qual a chance de que eles se disponham a nos ouvir? A maior imperfeição de São Jerônimo era o fato de gostar dos confrontos — talvez porque eles lhe dessem a oportunidade de exibir seu assombroso talento intelectual. Mas os confrontos raramente produzem mudanças positivas quando nascem dos sentimentos de raiva ou da necessidade de impressionar os outros pelo fato de termos algo que eles não têm.

A maior lição que aprendi com São Jerônimo não é a de que devemos evitar todo confronto, mas a de nunca tentar criticar outra pessoa sem antes aceitá-la tal como ela é. Diz-se que "Deus odeia o pecado mas ama o pecador". Hoje creio que a aceitação dos outros tal como são é o único fundamento do amor e o ponto de partida de qualquer confronto que tenha em vista uma mudança positiva. Onde não há amor, não pode haver mudança positiva. Só o amor muda tudo para o bem.

Assim como procuro perdoar a mim mesma, procuro perdoar a meus santos. Reconheço que o estilo raivoso e briguento de São Jerônimo fez muito mal às vidas daqueles que cruzaram o seu caminho. Ele era duro, crítico e freqüentemente presunçoso. Mas, ao ler suas obras e estudar sua vida, sempre sinto que ele agia com boa intenção. O fanatismo muitas vezes cegava-lhe a visão, e deve haver aí um recado e uma advertência muito importantes para todos aqueles que têm a esperança de tornar-se pessoas melhores. O perdão é a essência de tudo, e não sinto dificuldade nenhuma para perdoar São Jerônimo, pois suas contribuições positivas superam em muito suas explosões de raiva. Ele dedicou o melhor de sua vida à preservação e ao cuidado dos documentos da Igreja primitiva, empenhando nisso tremenda energia, e assim enriqueceu a vida de milhares de pessoas por mais de quatorze séculos. Talvez a melhor síntese disso tudo seja o seu próprio epitáfio: "Não serei julgado pelo brilho dos grandes homens, mas pela minha própria força."

ORAÇÃO A SÃO JERÔNIMO
Pelo Discernimento

Pela tua raiva e teus confrontos, nos lembras de que todos temos o dever de enfrentar os irmãos de tempos em tempos. Lembra-nos, também, de que temos o dever de examinar a nós mesmos e enfrentar nossas próprias fraquezas e atitudes prejudiciais. Tua vida me ensina que devo aceitar os outros tais como são. Ensinaste a respeito do perigo da presunção; da importância de refletir sobre uma das palavras mais inquietantes de Jesus: "Aquele que estiver sem pecado na consciência, atire a primeira pedra." À luz de teus ensinamentos, ó São Jerônimo, ajuda-me a ver a mim mesmo com clareza; ajuda-me a enfrentar meus preconceitos e só procurar mudar os outros a partir do amor. Caso veja que tenho o dever de enfrentar outra pessoa, peço-te que estejas comigo durante os momentos necessários, mas desagradáveis, desse confronto. Ajuda-me a não esquecer de que só o amor pode mudar tudo para o bem.

11

É PELO AMOR QUE CHEGAMOS,
E NÃO PELA FORÇA DAS VELAS
Santo Agostinho

*H*á mil e seiscentos anos que filósofos, pregadores, cientistas políticos, escritores e pessoas empenhadas numa busca espiritual vêm encontrando alívio nas reflexões de Santo Agostinho sobre o bem e o mal, sobre o amor humano, sobre Deus e Jesus Cristo, sobre a natureza da justiça e a vida de fé. O Cristianismo deve mais a ele que a qualquer outro Padre da Igreja. São Gregório, o Grande, consultou suas obras para fazer teologia e comentários da Escritura; São Carlos Magno aplicou-as à teoria política; São Boaventura comparou-as às suas visões místicas e Santo Tomás de Aquino foi buscar nelas elementos da filosofia escolástica. Até Albert Einstein afirmou ter aproveitado imensamente a leitura das idéias de Santo Agostinho.

Além da beleza de seu estilo literário, muitas vezes cativante, admiro em Santo Agostinho um homem apaixonado em busca de sua alma. Poucos santos entenderam melhor que ele as paixões humanas; pouquíssimos compreenderam tão bem a miríade de motivações e tentações que nos assombram a todos. Sua busca foi cheia de escolhas difíceis, algumas das quais foram malfeitas e depois lastimadas. Mesmo assim esteve sempre presente em sua vida a busca de comunhão com Deus.

Santo Agostinho foi o buscador consumado, jamais repudiando sua convicção de que o amor é o centro da vida espiritual, a qual deve começar por "amar o Amor que, amando, trouxe-nos à existência". Para ele, o único lugar em que a busca espiritual poderia começar era o centro silencioso do coração. Santo Agostinho não tinha nada contra as peregrinações; as viagens ao deserto em busca de solidão e de reflexão pareciam-lhe perfeitamente admissíveis e às vezes até necessárias. Mas ele sempre afirmou com força que não há como se esconder de Deus. A vida espiritual começa aqui mesmo, e não em algum lugar longínquo. Escreveu ele: "Deus não disse: 'Vai para o Oriente em busca da sabedoria, veleja para o Ocidente em busca da justiça'; lá onde buscares, certamente encontrarás, pois Àquele que está presente em toda parte é pelo amor que chegamos, e não pela força das velas."

Santo Agostinho sentia forte atração pela beleza do mundo, ao qual se sentia ligado pelo amor d'Aquele que "está presente em toda parte". Como lemos em sua autobiografia, *Confissões*, ele era um homem atraído pelos prazeres dos sentidos, que amava a luz, a textura, as formas e as cores da paisagem desértica do norte da África. Sentia-se tão cativado pela beleza das coisas, pela profundidade de sentimento da Criação de Deus, que escreveu certa vez: "Se os objetos sensíveis não tivessem alma, não seria possível amá-los tanto."

Santo Agostinho não começou a vida com esse amor maduro, embora sensual, por Deus e Sua criação; teve de conquistá-lo ao longo de muitos anos de tumultuada luta interior. Nascido de uma família relativamente rica no dia 13 de novembro de 354, em Tagaste, povoado agrícola do norte da África, logo mostrou que era um jovem extremamente inteligente. Mas não gostava da escola, pois "se me mostrava preguiçoso para aprender, era castigado com a vara". Aos dezesseis anos, deixou Tagaste e foi para Cartago para estudar grego, latim, matemática e retórica. Em Cartago, encontrou tudo o que a vida tinha a oferecer e entregou-se aos prazeres com entusiasmo. Depois viria a escrever: "Na juventude, abrasava-me para fartar-me das coisas do inferno. Ousei entregar-me a diversas e obscuras maneiras de amar."

Em Cartago, Agostinho satisfez suas paixões relacionando-se com uma mulher à qual permaneceu fiel por muitos anos, embora jamais tenha se casado. Ela lhe deu um filho, Adeodato, em 372. Apesar do

Santo Agostinho (354-430), Doutor da Igreja, escreveu alguns dos livros mais influentes de toda a história da teologia cristã, inclusive A Cidade de Deus *e* Confissões.

(Arquivo Bettmann)

cuidado da nova família, Agostinho conseguiu progredir nos estudos e tornou-se amigo íntimo de três jovens: Alípio (um amigo de infância, de Tagaste), Nebrídio e Honorato. Depois viria a escrever, com grande sensibilidade: "O que mais me ligava a meus amigos era o prazer que nos vinha das conversas e risadas em comum, a leitura dos mesmos livros, as brincadeiras e palavras à toa, uma ou outra discussão que, travada sem rancor, tornava mais agradável a habitual concordância de pontos de vista, as saudades do amigo ausente, as boas-vindas quando de sua volta. Amávamo-nos entre nós de todo o coração, e essas amizades manifestavam-se nos olhares, nos gestos, nas vozes."

Agostinho e seus amigos travavam discussões vigorosas sobre teologia e o sentido da vida, mas lutavam para conciliar seu amor pelos prazeres deste mundo com o amor de Deus. Na tentativa de resolver o dilema, Agostinho aderiu ao Maniqueísmo, seita pseudocristã que pregava um rigoroso dualismo metafísico. Depois, viria a converter Alípio e Honorato ao Maniqueísmo. De acordo com os maniqueus, dois princípios operavam no universo: Deus, a causa de todo bem, e a matéria, causa de todo mal. Essa filosofia dualista proporcionava a Agostinho e a seus amigos uma explicação da divisão de suas almas, mas só serviu para dividi-lo ainda mais. Por nove anos, Agostinho seguiu os ditames do pensamento maniqueísta, o qual, segundo escreveu depois, deixou-o "enganando e sendo enganado".

Em 383, Agostinho partiu para Roma, onde fundou a própria escola de retórica. Tendo problemas para receber os pagamentos, candidatou-se ao cargo de mestre de retórica em Milão e o obteve, sobretudo em virtude da influência de seus amigos maniqueístas. Lá, sua reputação de professor excepcional cresceu junto com os dividendos financeiros. A essa altura, seu pai já morrera e sua mãe fora morar com ele. Ela insistia, porém, que Agostinho repudiasse a amante e se casasse com uma mulher "decente". Com relutância, ele concordou, propôs casamento a outra mulher e enviou a amante de volta à África. Mas seu "coração estava partido, ferido e manava sangue. [...] Eu era incapaz de suportar a espera de dois anos para me unir à menina a quem pedira em casamento. Na verdade, não era o casamento que eu queria; eu era apenas um escravo do prazer. Por isso, tratei de arranjar outra mulher [...] para alimentar e conservar tão viva como sempre fora a doença de minha alma". Cada vez mais insatisfeito com a própria vida, Agostinho ansiava por sanar as divisões que o atormentavam, mas não deixava de "suspirar pelas honras, pelas riquezas, pelo casamento".

E assim a luta espiritual continuou, até que, certa tarde, Agostinho sentou-se para conversar em sua casa com Alípio e Ponticiano, visitante vindo da África. Encontrando um livro das epístolas de São Paulo sobre a mesa diante de si, Ponticiano começou a contar-lhes a história de dois homens que se haviam convertido ao Cristianismo depois de ler a vida de Santo Antão. Ponticiano então levantou-se para passear pelo jardim, e Santo Agostinho acompanhou-o. Deixando Ponticiano para trás e va-

140

gando a esmo pelo jardim, parou à sombra refrescante de uma figueira. Vendo-se sozinho, Agostinho prostrou-se no chão e gritou: "Até quando, Senhor? Estarás irado para sempre? Esquece minhas culpas passadas!" Ouviu então a voz de uma criança que cantava numa casa vizinha: "Toma e lê, toma e lê!" "Imediatamente levantei a cabeça, e procurava me lembrar se havia algum jogo no qual as crianças cantassem essas palavras; mas não me lembrava de jamais tê-las ouvido. Estanquei o fluxo das lágrimas e levantei-me, dizendo a mim mesmo que só poderia tratar-se de uma ordem divina para abrir o livro das Escrituras e ler a primeira passagem sobre a qual pusesse os olhos."

Agostinho voltou para onde Alípio estava sentado com o livro das epístolas de São Paulo, abriu-o ao acaso e começou a ler a Epístola aos Romanos, 13:13: "Não em orgias e bebedeiras, nem na devassidão e libertinagem, nem em rixas e ciúmes; mas revesti-vos do Senhor Jesus Cristo e não procureis satisfazer os desejos da carne." Depois de ler as palavras que mudariam sua vida, fechou o livro e contou a Alípio o que sucedera. "Não tive desejo nem necessidade de ler mais", escreveu Agostinho. "Num instante, mal acabara de ler aquela frase, foi como se a luz da confiança inundasse meu coração e dissipasse toda a escuridão da dúvida." Alípio pediu o livro das epístolas e voltou o olhar para outro trecho: "Acolhei o fraco na fé." Dominados pela emoção, Agostinho e Alípio decidiram converter-se ao Cristianismo. Na vigília pascal de 387, ambos foram batizados por Santo Ambrósio.

Em setembro de 388, Agostinho voltou para sua casa na África, onde passaria os trinta anos seguintes escrevendo constantemente. As três obras que lhe deram fama mais duradoura foram suas *Confissões* autobiográficas; sua defesa da teologia cristã, *Sobre a Trindade*; e sua resposta teológica ao saque de Roma, *A Cidade de Deus*, uma das obras de teologia mais influentes de todos os tempos.

Para começar a apreciar *A Cidade de Deus*, imagine a mensagem de esperança que ela deve ter comunicado aos habitantes do norte da África no anos de 410. Nesse ano, Santo Agostinho recebeu a notícia de que o godo Alarico, com seus bárbaros, saqueara Roma. A primeira coisa que Agostinho fez foi tranqüilizar seu rebanho e seus discípulos, assustados e convencidos da proximidade do fim do mundo: "Se esta catástrofe é mesmo verdadeira, essa deve ser a vontade de Deus. Os

Perguntais: "Por que não amar o mundo, já que ele foi feito por Deus?" Irmãos, não ama suficientemente a Deus aquele que ama qualquer coisa por outra razão que não o amor de Deus. Não que as coisas criadas não possam ser amadas; mas o amá-las por si mesmas é cupidez, e não amor.

— SANTO AGOSTINHO

homens constroem e destroem cidades, mas não construíram a cidade de Deus e tampouco a podem destruir." E lhes disse: "A cidade celeste é incomparavelmente mais brilhante que Roma. Lá, em vez da vitória, há a verdade; em vez da alta posição social, a santidade; em vez da paz, a felicidade; em vez da vida, a eternidade. [...] Pitágoras disse tal coisa, Platão disse tal outra; colocai-os ao lado da Rocha e comparai esses arrogantes Àquele que foi crucificado. Assim, na nossa natureza decaída, na nossa imperfeição, descobrimo-nos capazes de conceber a perfeição. Através da Encarnação, a presença de Deus entre nós com feições de homem, abre-se nas paredes do tempo uma janela que dá para essa cidade celeste." Em essência, Santo Agostinho assegurava a seu rebanho que eles não tinham nada com que se preocupar desde que se submetessem humildemente à vontade de Deus.

A humildade prezada por Santo Agostinho não é virtude muito estimada no mundo moderno, em que a vida das pessoas é dominada pela crença de que o destino pode ser controlado e alterado a seu bel-prazer através de novidades médicas e tecnológicas. Em *A Cidade de Deus*, Santo Agostinho afirma que não somos essa raça todo-poderosa que pretendemos ser. Seu livro não continha apenas uma advertência quanto ao perigo do orgulho humano, tão dominante em nossos dias, mas passava também a mensagem de que todas as criações do homem são, em última análise, perecíveis. Como cristão, Santo Agostinho afirmava não ter cidade permanente sobre a Terra. Não era cidadão de uma cidade construída pelo homem, mas daquela construída por Deus. E a cidade do homem é temporal e perecível, ao passo que a cidade de Deus é eterna e gloriosa.

Muitas das imagens e propagandas do mundo comercial nos conclamam a buscar riqueza, celebridade e poder, em vez dos corações humildes e contritos que Santo Agostinho nos encoraja a cultivar. Se Santo Agostinho estivesse vivo hoje, suspeito que usaria suas pregações para nos fazer perceber que a felicidade não se encontra na busca do prazer, mas na busca da bondade — que começa com o desejo de servir a Deus em primeiro lugar. Toda a história dos santos é, antes de tudo, um relato dessa busca alternativa pela verdade e pela beleza ao longo do caminho mais estreito e menos percorrido.

Santo Agostinho insistia que a história cristã não é um livro fechado, mas um livro em processo de ser escrito. Estava convencido de que o Cristianismo sobreviveria enquanto houvesse uns poucos homens e mulheres que fixassem o coração, não na cidade dos homens, mas na cidade de Deus. Muitas nações levantaram-se e caíram no esquecimento depois da morte de Santo Agostinho, mas ainda existem entre nós homens e mulheres dominados pelo amor de Deus, que todos os dias operam milagres pelo espírito de Cristo. O Bem-aventurado Padre Damião de Molaki, Albert Schweitzer e Martin Luther King Jr. foram todos inspirados pela beleza da mesma visão que deu força a Santo Agostinho, visão que os estimulou a adiantar seu crescimento espiritual pelo amor, e não pelo poder; pela humildade, e não pela arrogância; pela esperança, e não pelo desespero. Eles não construíram suas vidas sobre a areia movediça de um moral cambiante de modas passageiras, mas sobre os valores eternos da cidade de Deus. Sua única meta era buscar "Aquele que está em toda parte" — pelo amor, e não pela força das velas.

ORAÇÃO A SANTO AGOSTINHO
Pela Unidade com Deus e a Natureza

Santo Agostinho é padroeiro dos fabricantes de cerveja e dos gráficos. A cidade de Saint Augustine, na Flórida (a mais antiga dos Estados Unidos), recebeu esse nome em honra do santo. Os espanhóis desembarcaram lá no dia de sua festa, 28 de agosto de 1565.

(Antonio Rodriguez, Museu de Arte de Denver)

Foste um homem atraído pelos prazeres dos sentidos, tantas vezes atormentado pelos apetites e desejos naturais. Achaste teu caminho para Deus através de um desejo mais forte de viver uma vida espiritual cheia de sentido. Ajuda-me a ver, como ensinaste, que Deus está presente em toda parte para aqueles que se dispõem a buscá-Lo e amá-Lo como Ele mesmo nos ama. Torna transparentes os meus desejos, para que através deles eu possa ver Deus; e ajuda-me a ver o amor de Deus por mim nos meus desejos. Peço-te, ó Santo Agostinho, que me ajudes a encontrar Deus em tudo quanto eu vir. Inunda o meu espírito com o desejo de conhecer e amar a Deus de todo o meu coração.

12

UMA FÉ QUE LEVANTA
A ALMA VACILANTE
Madre Elizabeth Seton

Em 1952, quando Ann Hooe, de apenas quatro anos e meio, estava quase à morte por causa de leucemia, seus pais partiram de Baltimore para o noroeste e levaram-na para visitar a sepultura de Elizabeth Seton em Emmitsburg, Maryland. Naquela época, as freiras da congregação das Filhas da Caridade estavam preparando a causa de beatificação de Elizabeth. Como estavam à procura de milagres que pudessem ser atribuídos à fundadora da congregação, pediram a Felixena Ann O'Neill, mãe de Ann, a gentileza de dirigir suas preces a Elizabeth Seton. Nenhum membro da família esperava que a menina sobrevivesse, mas todos acharam que ao menos valia a pena tentar. Uma semana após a visita ao túmulo de Elizabeth Seton e depois de muitas orações, a composição do sangue de Ann estava absolutamente normal.

Nove anos se passaram e Ann não voltou a apresentar câncer. A arquidiocese de Baltimore convenceu-se então da ocorrência do milagre e comunicou a notícia ao Vaticano. Em 1963, depois de prolongadas investigações, o Papa João XXIII concordou: um milagre ocorrera pela intercessão de Elizabeth Seton. Em 1975 o Papa Paulo VI canonizou Seton, o que faz dela a primeira santa nascida nos Estados Unidos.

Elizabeth Bailey (1794). Miniatura pintada na época de seu casamento com William Seton.

(Seton Shrine Center)

Ann Hooe, que hoje tem quarenta e cinco anos e já é avó, continua convencida de que Santa Elizabeth Seton salvou-lhe a vida. "Não há dúvida de que foi um milagre", disse recentemente a um jornal. Ela nunca perdeu a devoção a Santa Elizabeth desde aquela época, devoção atualmente partilhada por centenas de homens e mulheres que se sentiram cativados por essa mulher excepcionalmente forte e corajosa, uma santa que, apesar da morte do marido e de duas filhas adolescentes, nunca se deixou vencer pela amargura.

De todos os santos que estudei, foi Santa Elizabeth Seton quem mais me ensinou a respeito de como lidar com as tragédias familiares. Sua vida é uma verdadeira lição de tenacidade, capacidade de recuperação e fortaleza espiritual. Vendo-se à borda do abismo da desgraça, conseguiu voltar para trás graças a "uma fé que levanta a alma vacilante, de um lado", e "a esperança que a apóia do outro", como ela mesma escreveu. Apesar das tragédias que lhe sobrevieram, ela nunca perdeu a visão do caráter sagrado de toda a vida. Depois da morte das filhas, fundou a congregação religiosa das Filhas da Caridade e estabeleceu solidamente o sistema de escolas paroquiais nos Estados Unidos. O modo como combinou a maternidade com a vida consagrada é um exemplo de equilíbrio, fé e resoluta força de vontade.

Muito diferente dos santos andarilhos e mendicantes da Idade Média e dos eruditos reclusos da Europa, Madre Seton, como depois veio a ser chamada, foi casada e teve cinco filhos. Nascida em Nova York em 1774, filha do dr. Richard Bailey, conceituado cirurgião, e de sua esposa Catherine, a jovem Elizabeth veio ao mundo em uma família privilegiada. Três anos depois, porém, sua mãe faleceu.

Aos dezenove anos, Elizabeth casou-se com William Magee Seton, comerciante rico e membro devoto, como ela, da Igreja Episcopal. Seguiram-se dez anos de vida familiar feliz e o nascimento de cinco filhos. A certa altura, porém, os negócios de William Seton começaram a não dar certo, e ele contraiu tuberculose. Buscando curar a doença, o médico de Seton aconselhou que ele e Elizabeth fizessem uma viagem marítima à Itália. Assim, o jovem casal zarpou imediatamente para a Itália na companhia da filha mais velha, Anna Maria. Chegando lá, porém, o temor de um surto de febre amarela obrigou-os a passar trinta dias de quarentena. A reclusão mostrou-se fatal para o enfermo William Seton, que morreu pouco depois do fim da quarentena. Quarenta e oito horas depois, ele estava enterrado em Pisa. Com isso, Elizabeth viu-se viúva aos vinte e nove anos, tendo cinco filhos para sustentar.

Durante a viagem de cinqüenta e seis dias de volta aos Estados Unidos, Elizabeth teve a companhia de Antonio Fulicchi, amigo da família, que a encorajou a converter-se ao Catolicismo. Tudo indica que Antonio era homem muito persuasivo, pois um ano depois da volta aos Estados Unidos, diante da inflexível oposição da família e dos amigos, ela se tornou católica, em 1805. Na época, ela escreveu em uma carta endereçada a Fulicchi: "Eis, meu Deus, aqui vou eu, a Vós todo o meu coração [...] são estes os meus dias mais felizes."

Pouco tempo depois de sua conversão, Elizabeth fundou uma escola para meninos, que fracassou quase imediatamente. Abriu então uma escola para meninas ao lado do Seminário de Santa Maria, em Baltimore, a qual teve êxito. O que Elizabeth mais queria era fundar uma congregação religiosa feminina e tornar-se freira, mas achava que a criação dos filhos excluía tal possibilidade. O padre William Du Bourg, reitor do Seminário de Santa Maria, pensava de outro modo. Ele não via nenhuma razão pela qual Elizabeth não pudesse ser ao mesmo tempo mãe e freira; um mês depois da chegada dela a Baltimore, encorajou-a a estabelecer as Filhas da Caridade de São Vicente de Paulo. "Espera-se que eu me torne mãe de muitas filhas", escreveu ela.

Os primeiros passos rumo ao estabelecimento da irmandade foram dados em 1809, quando adotou-se uma regra provisória e o padre Du Bourg foi nomeado diretor. No dia 2 de junho desse ano, Elizabeth Seton vestiu o hábito, "um longo vestido negro com capa e um chapéu branco de bordas onduladas". Juntaram-se a ela quatro outras mulheres, que fizeram os votos de pobreza, castidade e obediência na presença do arcebispo. A nova comunidade foi chamada Filhas de São José, e Elizabeth foi nomeada madre superiora.

Três semanas depois de sua nomeação, Madre Seton transferiu sua família e a nova congregação para Emmitsburg, a oitenta quilômetros de Baltimore, onde foi adquirida uma fazenda para que se fundasse uma escola. Essa escola, a primeira escola paroquial dos Estados Unidos, abriu em 1810.

Os filhos de Elizabeth Ann Seton.
(Seton Shrine Center)

Depois de um começo difícil, a escola de Madre Seton começou, aos poucos, a crescer. Ela escreveu, referindo-se a si mesma: "enquanto o mundo pensa que ela está carente de todas as coisas boas [...] ela tem, na verdade, a posse real daquilo que há de melhor." Sua felicidade, porém, durou pouco: nesse mesmo ano, sua filha Anna Maria faleceu de tuberculose. O luto de Elizabeth foi profundo e prolongado, mas ela resistiu, talvez porque, como escreveu na época, "a doença e a própria morte — caso nos aconteçam de novo —, sabemos que são companheiras constantes da vida humana. São o quinhão que sempre nos cabe num ou noutro momento, e seria loucura sentir-me infeliz por ser tratada como o restante dos seres humanos".

Em 1813, já havia dezesseis freiras no convento de Madre Seton, além de trinta e duas pensionistas. Em 1814, ela enviou suas freiras para tomar conta de um orfanato em Filadélfia, que foi a primeira instituição católica desse tipo em todo o país. Pouco depois dessas vitórias, em 1816, a filha mais nova de Madre Seton, Rebecca, morreu de tuberculose — doença que a Madre veio a chamar de "a inimiga da família". Madre Seton enterrou ambas as filhas no bosque que havia no terreno do convento, de tal modo que os túmulos pudessem ser vistos do seu quarto. Escreveu que "vinte vezes por dia — logo ao levantar e antes de deitar" — ela olhava da janela e pensava "naquelas almas tão belas e cheias de alegria". E Elizabeth pensava também, cada vez mais, em sua própria morte, pois também ela contraíra tuberculose. Como escreveu a uma amiga na época: "Ó Eliza, quantos cordões nos puxam não só para baixo, mas também para cima! [...] Logo estarei livre e será a minha vez de ir, sem nenhum cordão a puxar-me de volta."

Apesar das muitas desgraças que se abateram sobre Madre Seton, de seus problemas de saúde e da tarefa de criar os filhos que lhe restavam, ela continuou a cuidar das necessidades do convento. Em 1817, conseguira fundar um segundo orfanato em Nova York; antes de morrer aos quarenta e seis anos, em 1823, preparou os planos para o estabelecimento de um hospital católico em Baltimore, o qual começou a funcionar poucos anos depois. Suas Filhas da Caridade foram adiante, socorrendo os feridos nos campos de batalha da Guerra Civil, ensinando nas escolas norte-americanas em quase todos os níveis e fundando hos-

*A Igreja de Deus precisa de santos hoje. Isso
nos impõe grande responsabilidade. Precisamos
nos tornar santos, não por querer sentir-nos santos,
mas porque Cristo tem de viver Sua vida
plenamente em nós.*

— MADRE TERESA DE CALCUTÁ

pitais, asilos de idosos, orfanatos e escolas para os surdos. Atualmente, as Filhas da Caridade estão presentes não só nas Américas do Norte e do Sul como também na Itália e em várias terras de missão.

Santa Elizabeth Seton disse certa vez: "Devemos ter todo o cuidado em encontrar a nossa graça. Se a minha dependesse da minha ida a um lugar pelo qual tivesse a mais terrível aversão, que alegria! — há nesse lugar um tesouro de graças à minha espera." Penso que ela quis dizer que cada acontecimento da vida, por mais agradável ou desagradável que seja, nos abre oportunidades de crescimento espiritual. "Devemos ter todo o cuidado em encontrar a nossa graça" — isso significa que o sofrimento, não menos que a alegria, abre portas para Deus. De algum modo, Santa Elizabeth percebeu que uma das razões de nossa raiva ou amargura é o sentimento de não termos recebido o que merecemos. Estamos sempre dispostos a aceitar as "graças boas", mas quantos se dispõem a aceitar as "graças más"? Santa Elizabeth Seton nunca sentiu a necessidade de classificar a graça, porque jamais caiu na armadilha de querer algo diferente do que lhe acontecia. Ela colocava sua confiança em Deus, e ponto final. "Seja feita a Vossa vontade", disse ela nos funerais de sua filha Anna Maria. Ela não via sentido em perguntar "Por que, meu Deus?", mas só em saber "Como posso crescer a partir disto?" "Seja feita a Vossa vontade" — foi esta a prece fervorosa que ela elevou a Deus por toda a vida, e em praticamente todas as suas ações deu mostras de sua fé. Embora tenha sofrido muito, nunca se deixou vencer pela amargura porque percebeu que, sem o sofrimento, não se pode compreender o amor.

"A tribulação é o meu meio natural", disse Madre Seton certa vez. Ela encontrou o mesmo desafio que todos enfrentamos: podia crescer a partir de seus sofrimentos ou deixar que eles a destruíssem. Escolheu olhar para além do sofrimento e desenvolver um sentido mais profundo de compaixão. É esse sentido de compaixão que ainda hoje sustenta o trabalho das Filhas da Caridade, como testemunho do quanto pode ser realizado por um coração dolorido.

Mais que qualquer outro santo ou santa, Madre Seton ensinou-me que, ao longo da vida, todos nós agimos e reagimos de acordo com uma variedade de ocorrências que escapam ao nosso controle. Ela disse várias vezes que o mais importante não é o que nos acontece, mas o modo pelo qual percebemos e reagimos ao que nos ocorre. Como escreveu certa vez o rabino Harold Kushner: "Não é uma questão de olhar para um copo e pensar que ele está meio vazio em vez de vê-lo como meio cheio. É uma questão de saber se a fé e a experiência já nos ensinaram a olhar para um copo quase vazio [...] e acreditar que há no mundo recursos capazes de enchê-lo." Madre Seton jamais viu um copo vazio — somente copos que sempre precisavam ser enchidos.

Todos os dias começam com o nascer do sol. Há quem possa ver o amanhecer como "mais uma segunda-feira". Outros, ao ver o nascer do sol, farão uma pausa para admirar sua beleza e gozar a santidade da vida naquele momento. Imagino Santa Elizabeth Seton como uma mulher que parava muitas vezes para agradecer a Deus pelo sagrado que permeava o seu mundo cotidiano, apesar dos muitos sofrimentos que teve de suportar. Através do sofrimento, ela aprendeu sobre o amor; e através do amor, serviu a Deus com toda a fé e esperança de que dispunha. Que mais podemos esperar de um santo?

ORAÇÃO A SANTA ELIZABETH SETON
Pela Constância e Consolação

Este retrato de Madre Seton pertenceu a Antonio Fulicchi, o amigo que a levou a converter-se ao Catolicismo.

(Seton Shrine Center)

Tua vida foi cheia de imenso sofrimento, mas conservaste a tua fé. Ainda que mergulhada em profunda dor, serviste aos irmãos. Consideraste a tribulação o teu ambiente natural, e olhaste para além do teu sofrimento, para o coração do teu próximo. Peço-te, ó Madre Seton, que estejas a meu lado quando for forte a minha dor. Ajuda-me a aumentar a minha compaixão — compaixão pelos meus sofrimentos e, através deles, pelas feridas e dores de todos os irmãos. Mostra-me o caminho que, passando pelo sofrimento, me levará a saber mais sobre o amor, e que, passando pelo amor, me levará a conhecer a Deus.

13

FRATERNIDADE DE ALEGRIA
São Francisco de Assis

*D*espretensioso, sensível e sempre à vontade na companhia dos pobres e marginalizados, São Francisco (1181-1226) serviu a Deus menos com a inteligência que com o coração. Ele era capaz de reconhecer a centelha divina em todos os que encontrava, desde o leproso com o rosto desfigurado pela doença até o cavaleiro caído com o rosto marcado pela guerra. Sua missão espiritual foi o cuidado das almas; aceitando essa missão, ele se tornou um monge, missionário e místico dos mais admirados da história da Igreja.

Hoje, São Francisco continua vivo na obra dos milhares de frades franciscanos que dedicam sua vida ao serviço dos irmãos. Um desses franciscanos de hoje em dia é o padre Marty Wolf, do Colorado, que vai buscar no exemplo de São Francisco a força que o motiva a trabalhar com os pobres. "Já vi o rosto de Deus nos pobres", disse-me ele certa vez. "E hoje vejo o rosto de Deus nos olhos dos aidéticos a quem dou assistência. A lepra era a AIDS do tempo de São Francisco, e um leproso teve papel importante na conversão de Francisco à religião cristã. Ao caminhar por uma estrada, São Francisco encontrou um leproso e o cumprimentou afetuosamente, apesar do medo inicial. Depois, sentiu-se chamado por Deus a beijá-lo. Tenho a certeza de que, se São Francisco estivesse vivo hoje, ele seria tão amoroso para com os aidéticos quanto

Embora este quadro represente um São Francisco melancólico, esse apaixonado asceta e místico quase nunca se deixou levar pela melancolia.

(Zurbarán, National Gallery of Art, Londres)

o foi para com aquele leproso. Ele foi sempre um grande defensor dos pobres e excluídos, e me serve de inspiração todos os dias da minha vida. Ele me dá coragem para continuar."

No seu "Testamento" autobiográfico, São Francisco confirma com suas próprias palavras a compreensão que o padre Wolf tem da missão franciscana: "Durante minha vida de pecado, nada me repugnava tanto quanto ver as vítimas da lepra. Foi o próprio Senhor quem me intimou a procurá-las. Eu o fiz e, depois disso, tudo mudou tanto que as coisas que antes pareciam dolorosas e insuperáveis tornaram-se fáceis e agradáveis. Pouco tempo depois, renunciei definitivamente ao mundo."

São Francisco encontrou o caminho que o levou a essa missão de compaixão através de uma conversão natural e até um tanto lenta, que o levou de uma juventude em que sonhava com a cavalaria a uma idade adulta em que se dedicou a reconstruir as paredes desmoronadas de uma Igreja prevaricadora. São Francisco nasceu em Assis, na Itália, no final de 1181 ou início de 1182. Embora tenha conseguido aprender a ler e escrever, costumava chamar-se de "*idiota*", reconhecendo que a única coisa que realmente aprendera a fazer durante a juventude fora gastar o dinheiro do pai de maneira pródiga e insensata, embora freqüentemente generosa. Os habitantes de Assis consideravam-no um janota mimado mas agradável, que gostava de cantar, brincar e beber. Segundo São Boaventura, um dos primeiros biógrafos de São Francisco, ele foi "criado em vaidade entre os vaidosos filhos dos homens".

São Francisco não foi criado apenas em vaidade, mas também com o sonho de um dia tornar-se um glorioso cavaleiro. Este desejo nascera das visitas freqüentes de famosos trovadores franceses, que viajavam pela Itália cantando em rimas a história legendária de Carlos Magno e dos Cavaleiros da Távola Redonda. O pai de Francisco, Pietro Bernardone, rico comerciante de tecidos, partilhava o sonho do filho. Com a ajuda dele, aliás, São Francisco tentou várias vezes tornar-se cavaleiro, procurando mostrar-se valoroso nas batalhas. Mas nenhuma de suas tentativas deu certo, e o pai acabou por convencer-se de que o filho não passava de um covarde, de um tolo.

Foi só depois de seu vigésimo quinto aniversário que São Francisco começou a caminhar em direção a Deus, mas estava tão incerto sobre como tornar-se um homem de fé quanto estivera sobre como tornar-se um guerreiro. Sua primeira tentativa consistiu em distribuir dinheiro de modo tão compulsivo que sua família e vizinhos começaram a temer pela sua saúde mental.

Atormentado pela família e pelos amigos, que o ridicularizavam, São Francisco foi ficando cada vez mais deprimido. Para consolar-se, freqüentemente retirava-se para uma caverna solitária onde chorava seus pecados e rogava por orientação espiritual. Embora cheio de compaixão e do desejo de servir a Deus, não sabia o que fazer. O que Deus queria dele? A resposta a esta pergunta manifestou-se por fim ao jovem santo num dia em que ele caminhava pelo campo, em São Damiano. Parando em uma antiga igreja que estava caindo em abandono, ajoelhou-se para rezar aos pés de um crucifixo. Então, Cristo lhe falou diretamente, dizendo apenas: "Francisco, conserta a minha casa."

Determinado a cumprir literalmente as palavras de Cristo, São Francisco foi de imediato para casa, pegou um fardo do precioso tecido de seu pai e vendeu-o no mercado da cidade. Em seguida, vendeu o cavalo e foi a pé até São Damiano. Rogou ao pároco da pequena igreja que aceitasse o dinheiro, mas o padre, julgando-o louco, recusou. São Francisco atirou o dinheiro num canto da igreja e correu. Depois de discutir e finalmente romper com o pai devido a essa atitude impulsiva, São Francisco começou a mendigar nas ruas da cidade o material de que precisava para reconstruir São Damiano. Era o mês de abril de 1206, e São Francisco finalmente dera o primeiro passo rumo à vida de serviço a Deus.

Os esforços de reconstrução de São Francisco alcançaram sucesso imediato. Ele logo teve ao seu lado um grupo de homens dispostos a ajudá-lo, primeiro em São Damiano e depois em várias outras igrejas. Os homens se sentiam atraídos pela simplicidade de São Francisco e pelo seu amor à natureza, pelo seu espírito alegre e devoção total à pobreza. Aos olhos de seus seguidores, ele era um santo que, numa era de impiedade, dedicava-se por inteiro a cumprir o segundo mandamento: Ama o teu próximo.

Vivamente secundado por seus companheiros, São Francisco tornou-se um homem em paz consigo mesmo, mas logo percebeu que a obra de sua vida seria a de "consertar a casa de Deus", não só em Assis, mas muito além dela. Ele se viu como comandante de um grande exército de homens e mulheres dedicados à vida espiritual. Com seu senso de humor e espírito risonho, certamente não seria muito difícil segui-lo.

Todos os relatos nos dizem que São Francisco era um orador inspirado. Muitos dos que o ouviam sentiam que ele lhes falava particularmente, mesmo quando pregava a uma grande multidão. Sempre falava do amor, jamais ameaçando seus ouvintes com o pensamento do inferno e da condenação. Falava dos pecados do povo como se cada pecador fosse seu filho ou filha, como se o pensamento de seus defeitos lhe ferisse o coração. Tomás, arquidiácono de Spoleto, escreveu:

> Nesse ano [1222], eu morava no Studium de Bolonha; na festa da Assunção, vi São Francisco pregar em praça pública, na frente do palácio da prefeitura. O tema de seu sermão foi "Anjos, homens e demônios". Falou tão bem e com tão diamantina clareza sobre essas três classes de seres espirituais e racionais que o modo pelo qual aquele homem inculto desenvolveu seu tema suscitou uma admiração sem limites mesmo entre os doutores que o ouviam. [...]
>
> Seu hábito estava rasgado; sua pessoa parecia insignificante; seu rosto não era dos mais belos. Mas Deus conferiu tanta força às suas palavras que elas devolveram a paz a muitas famílias nobres que há anos estavam divididas por um ódio cruel e furioso, que provocara até assassinatos. O povo dedicava-lhe tanto respeito quanto lhe manifestava devoção; homens e mulheres procuravam-no aos bandos; todos buscavam ao menos tocar a orla de suas vestes ou arrancar um pedaço de seu pobre hábito.

Na época de São Francisco, os sacerdotes costumavam pregar em linguagem formal e freqüentemente valiam-se das homilias dos Padres da Igreja para a escolha dos temas. São Francisco, por sua vez, insistia que seus frades pregassem uma teologia do amor que fosse simples e

Se eu pudesse ver o imperador, rogar-lhe-ia que
desse ordens para que se espalhasse trigo pelas
estradas no Natal a fim de regalar as aves,
especialmente as nossas irmãs cotovias.

— SÃO FRANCISCO DE ASSIS

facilmente assimilável. Ele e os frades de sua ordem levaram essa mensagem para as praças públicas da Itália e de toda a Europa, entabulando centenas de conversas espontâneas e sinceras com aqueles que se dispunham a ouvi-los, mais ou menos como os evangelizadores de rua da nossa época. Depois de ouvir um dos sermões de São Francisco, Estêvão de Bourbon disse que ele infundia "salutar vergonha e grande edificação em seus ouvintes".

Quando São Francisco já tinha vários discípulos dedicados, decidiu que já era tempo de conseguir a aprovação papal para a sua nova irmandade de frades. Mas quando apresentou-se humildemente ao Papa Inocêncio III, em abril ou maio de 1209, pedindo a aprovação verbal da sua Regra, foi recebido friamente. O Papa defrontava todos os dias com um sem-número de pretensos reformadores que pediam a sua bênção. Por que levar a sério São Francisco? Como relata Mateus de Paris, um dos biógrafos do santo, o Papa Inocêncio III foi quase agressivo com o humilde frade. "Não me importunes mais com a tua Regra!", gritou. "Vai, em vez disso, procurar os teus porcos! Podes pregar-lhes quantos sermões quiseres." Ouvindo esta ordem, São Francisco retirou-se e foi ao chiqueiro mais próximo, onde se cobriu de imundície; e voltou à presença do Papa. Inocêncio III, surpreso, concluiu que São Francisco era no mínimo obediente, e lhe concedeu a aprovação condicional de sua nova ordem, que deveria chamar-se Ordem dos Frades Menores. São Francisco depois escreveu em seu "Testamento":

> Quando Deus me deu alguns frades, não havia ninguém para me dizer o que fazer; mas o próprio Altíssimo me deixou claro que eu devia viver a vida do Evangelho. Escrevi isso de modo breve e simples e Sua Santidade, o Papa, confirmou-o para mim.

Quanto à "Regra" que São Francisco apresentou ao sumo pontífice, a história não conservou registro de seu conteúdo exato. Sabemos apenas que era muito curta e consistia em alguns textos evangélicos e uns poucos preceitos. Sabemos que os frades deveriam usar um hábito com capuz, uma corda e um calção por baixo. Seriam admitidos à fraternidade depois de renunciar a todos os bens e distribuí-los entre os pobres. Mas o aspecto mais significativo da Regra era sua ênfase em que todos os frades fizessem voto de pobreza. Enquanto a Regra Beneditina admitia uma propriedade comunal limitada, São Francisco estabeleceu o ideal de pobreza absoluta tanto para o indivíduo quanto para a comunidade. Como São Boaventura escreveu a seu respeito: "Do início de sua vida religiosa até sua morte, toda a sua riqueza consistiu num hábito, numa corda e num calção."

Através de sua pobreza e simplicidade, São Francisco veio a apreciar plenamente a beleza de Deus em todos os aspectos da criação. Achava o mundo e seus prazeres terrenos maravilhosos e belos de contemplar. Nunca se cansou de ver as suaves paisagens da Itália ou de ouvir o canto das cotovias ao amanhecer. Tinha o temperamento de um artista, e não de um filósofo inimigo do mundo. O amor que tinha pela natureza inspirou muitas de suas poesias, como estes versos, extraídos do famoso "Cântico do Irmão Sol" ou "Cântico das Criaturas": "Louvado sejas, meu Senhor, pela irmã Água / Que é muito útil e humilde, e preciosa e clara. / Louvado sejas, meu Senhor, pelo irmão Fogo / Por quem nos vem a luz nas trevas / E é brilhante e agradável, robusto e forte."

Em 1217, já havia um grande número de frades menores vivendo na Itália, na França, na Espanha, na Boêmia, na Alemanha, na Inglaterra e na Terra Santa. O crescimento da ordem foi impressionante — tão impressionante, com efeito, que São Francisco sentiu a necessidade de finalmente ver sua ordem de frades reconhecida formalmente pela Igreja. Esforçou-se para escrever uma nova Regra que unisse seus seguidores, os quais se agitavam cada vez mais em busca de mudança e novas lideranças. Depois de uma tentativa frustrada, resignou-se a deixar que seus confrades e representantes do Papa elaborassem a Regra já existente para que ela pudesse ser aceita como uma lei monástica detalhada. Em novembro de 1223, o Papa Honório III aprovou-a como Regra oficial dos Frades Menores.

Uma vez livre da responsabilidade de ver sua fraternidade oficialmente reconhecida, São Francisco fixou-se em La Verna, na Itália, onde fez com que lhe construíssem numa colina próxima uma pequena "cela" onde pudesse recolher-se diariamente em oração. Sabemos algo do que ocorreu durante esses retiros porque frei Leão "espionava" São Francisco e registrou tudo quanto viu. Seu testemunho depois foi narrado novamente por Tomás de Celano. Frei Leão delineia a imagem de um

159

homem humilde, que muitas vezes se preocupava com o futuro de sua ordem. "Senhor", perguntava ele com freqüência, "que será da pobre familiazinha que me confiaste, quando eu partir?"

Sentindo-se próximo da morte, São Francisco revelou a frei Leão que algo de maravilhoso estava para acontecer. E na noite de 14 de setembro de 1224, São Francisco foi marcado com os estigmas de Cristo — as marcas das chagas que Cristo recebeu na cruz. Foi essa a primeira manifestação reconhecida dos estigmas na história da Igreja. Naquela noite, um serafim trazendo em si as marcas e o aspecto do Crucificado desceu sobre São Francisco e deixou-o com as chagas. Diz a lenda que toda a região viu uma luz brilhante sobre o monte, perto da cela de São Francisco. "Toda a sua alma tinha sede de Cristo, e ele dedicou-Lhe não só o seu coração, mas também o seu corpo", escreveu Tomás de Celano.

Depois de receber os estigmas, a saúde de São Francisco deteriorou-se rapidamente. Caiu vítima da tuberculose e ficou quase cego. O cardeal Ugolino, seu amigo, insistia que ele fosse a um médico no eremitério de Fonte Columbo. Quando recusou, o cardeal ordenou-lhe que fosse por obediência. Como São Francisco jamais desobedecera a uma ordem da Igreja, relutantemente concordou em submeter-se a tratamento para a cegueira. O médico prescreveu um tratamento de cauterização do lóbulo da orelha às têmporas. Enquanto o médico aquecia o ferro, São Francisco rezava: "Ó irmão Fogo, o Altíssimo concedeu-te um esplendor invejado por todas as outras criaturas. Mostra-te gentil e delicado para comigo. [...] Peço e rogo ao Senhor Magnífico que lhe abrande o ígneo calor, para que eu tenha forças para suportar sua ardente carícia." Com isso, o médico deu início ao "tratamento". São Francisco sequer se mexeu e, quando a cauterização terminou, afirmou brincando: "Se ainda não estiver bem assado, podes começar de novo." O tratamento não deu certo, mas isso não tinha importância — a saúde de São Francisco já estava irremediavelmente comprometida. Seu fígado e estômago começaram a dar mostras de insuficiência.

Diz-se que, na véspera da morte de São Francisco, as cotovias desceram do céu ao entardecer para cantar, coisa que normalmente só fazem pela manhã. No dia seguinte, depois de cantar sua última oração, o humilde santo silenciou. Era o dia 3 de outubro de 1226, e São Francisco tinha quarenta e seis anos. Seus corpo foi levado a Assis e sepultado

São Francisco representado ao receber os estigmas, em 1224.
(Sassetta, National Gallery of Art, Londres)

na igreja de São Jorge. Dois anos depois, em 16 de julho de 1228, ele foi canonizado em Assis pelo Papa Gregório IX.

São Francisco parece ter sido um homem que realmente encontrou a felicidade, ou foi encontrado por ela. Embora todo santo ou santa seja caracterizado pela determinação heróica, São Francisco tinha uma confiança extraordinária na capacidade do indivíduo de criar uma vida cheia de significado. Não ensinou seus discípulos somente a amar, mas também a cantar e a rir em espírito de brincadeira, infundindo uma alegria nova na vida religiosa. Disse-lhes que "a alegria espiritual é tão necessária à alma quanto o sangue ao corpo". E irradiava esse ensinamento, comunicando alegria a todos quantos entravam em contato com ele.

Qual o segredo do sentido de realização de São Francisco? Ele procurava viver cada momento como um dom, uma bênção. Ele tornou a vida espiritual extremamente simples. Não precisava ler ou meditar grandes doutrinas teológicas ou tratados filosóficos, não por ser incapaz de compreendê-los, mas porque percebeu que a simples gratidão era tudo o que precisava. São Francisco acreditava que, se vivermos cada momento como um dom e permanecermos num estado de perpétuo fascínio, apreciação e amor, a realização será o nosso destino natural.

Poucos são capazes de permanecer nesse estado de perpétua gratidão que animou a vida de São Francisco. É fácil cair em estados de raiva, mesquinhez, ingratidão. Qual a cura? São Francisco tinha uma resposta imediata: Rezar mais, pois a oração leva à gratidão. É através da oração que retornamos a um estado de amorosa apreciação pela vida.

ORAÇÃO A SÃO FRANCISCO DE ASSIS
Pela Alegria e Gratidão

São Francisco de Assis, representado numa imagem esculpida pelo mexicano Miguel Herrera.

(Museu de Arte de Denver)

Ó santo gentil da pobreza e da humildade, ensinaste-nos o quanto é importante rir e cantar. "A alegria espiritual" — disseste — "é tão necessária à alma quanto o sangue ao corpo." Peço-te, ó São Francisco, que acrescentes humor e leveza à minha vida, que levantes minha alma com entusiasmo e alegria. Ajuda-me a adorar a Deus na celebração do momento presente, no meu riso. Ajuda-me a expressar a minha gratidão e, através do riso e da felicidade, animar os corações de todos aqueles a quem amo.

14

ESTA MISSÃO DE AMOR
Madre Francisca Cabrini

Quando, certa vez, lhe pediram que definisse uma missionária, Madre Francisca Cabrini comparou sua obra à de uma vela, pois "a missionária irradia luz enquanto consome a vida aceitando tudo — trabalhos, alegrias e tristezas — para a salvação de todos".

Hoje em dia, a vela de Madre Cabrini continua acesa nas obras de Mary MacKinnon, cinqüenta e seis anos, que em 1992 passou a integrar o Cabrini Mission Corps, programa de ação leiga recentemente fundado. Os associados do Mission Corps dedicam pelo menos um ano de suas vidas a servir aos membros mais necessitados da sociedade. Mary contou-me há pouco tempo: "Uma das coisas que me atraíram em Madre Cabrini foi o fato de ela ter sempre encorajado os leigos a se envolverem em obras missionárias. E, como ela, eu sempre senti vontade de me dedicar ao serviço social, seja de que espécie for. Meu único problema é que as necessidades financeiras da minha família me impediram de considerar essa possibilidade até os cinqüenta e cinco anos de idade. Foi só nessa época que as pressões financeiras diminuíram, pois aceitei um plano de aposentadoria precoce que me foi oferecido pela Gillette, de Boston."

Para encontrar Mary MacKinnon, é necessário procurá-la no Convento das Irmãs Missionárias do Sagrado Coração, em Manhattan, onde

Madre Francisca Cabrini.
(Maryknoll Fathers)

ela está morando temporariamente. Toda manhã, ela sai do convento e percorre a região leste da ilha de Manhattan, onde atende todos os dias a um grupo de 20 pessoas idosas, de cinqüenta e seis a noventa e quatro anos de idade. Ela faz tudo o que pode por seus amigos idosos, ajudando-os nas transações bancárias, cozinhando, limpando a casa ou simplesmente conversando. "Quero ser uma presença importante na vida daqueles com quem entro em contato", diz Mary. "Sinto que as pequenas coisas que faço são importantes. Tive uma vida ótima, e transmitir um pouco da alegria que recebi é algo que me enriquece muito. Vejo esta vida como uma peregrinação, e acredito com toda sinceridade que nós somos os guardiões de nossos irmãos. Quanto mais nos doamos, mais brilhante se torna essa peregrinação."

Madre Cabrini partilhava essa crença de Mary. Ao longo de sua carreira de freira missionária, ela fundou sessenta e sete conventos e instituições de caridade sob os auspícios de sua ordem, as Irmãs Missionárias do Sagrado Coração. E o fato de tê-lo feito com tanto amor e habilidade valeu-lhe a declaração de santidade em 1946. Na cerimônia de sua canonização, o Papa Pio XII afirmou, referindo-se às obras da santa: "Ao passo que os seres humanos são transitórios, aos poucos envelhecem e finalmente morrem, as glórias, iniciativas e obras que têm sua fonte na santidade cristã não só são preservadas com o passar do tempo como também prosperam e florescem, sustentadas por uma força maravilhosa."

Não há dúvida de que o Papa Pio estava certo. As "obras que têm sua fonte na santidade cristã" realmente permanecem, e isto é especialmente verdadeiro nas obras de Madre Cabrini. Setenta e seis anos depois de sua morte, sua compaixão pelos pobres e miseráveis pode ser vista não só no trabalho de Mary como também nos olhos de milhares de pacientes tratados nos três hospitais que ela fundou nos Estados Unidos. O Cabrini Medical Center de Nova York, por exemplo, hospital-escola comunitário de 499 leitos, celebrou em 1992 seu centenário renovando sua dedicação ao serviço dos pacientes mais necessitados de cuidado, especialmente os idosos, os pobres e os aidéticos.

Madre Cabrini nasceu em 1850, num pequeno povoado da planície lombarda, na Itália. Embora fosse uma menina pequena e frágil, era atraída pelas histórias de aventura, heroísmo e compaixão dos missionários em terras longínquas. Sentia particular fascínio pelo Oriente e sonhava em partir como missionária para a China. Quando chegou à idade de entrar em alguma ordem, porém, nenhuma a aceitou em virtude de sua fraca saúde.

Quando Francisca Cabrini tinha trinta anos e já era professora, o bispo de Lombardia pediu-lhe que tomasse conta de um pequeno orfanato feminino chamado Casa da Providência, na cidade de Codogno. O orfanato era um motivo de constrangimento para a Igreja, pois, alguns anos antes, a paróquia local entregara sua direção a uma mulher que deixava as crianças doentes e vestidas com trapos.

Francisca Cabrini aceitou a oferta do bispo sem ter a menor idéia da real situação do orfanato. Quando chegou à Casa da Providência, encontrou uma diretora hostil e um bando de crianças amedrontadas vivendo na imundície. A primeira coisa que fez foi escrever à sua irmã pedindo remédios e tecidos, que eram as coisas mais necessárias. Em seguida, começou a limpar o grande quarto onde dormiam as meninas, com as camas encostadas nas paredes. A diretora esbravejava contra Cabrini dia e noite, levando-a muitas vezes às lágrimas — lágrimas de que Francisca se envergonhava, segundo confessou depois. Mas perseverou em seu trabalho, ensinando matemática, leitura e geografia às meninas e compartilhando com elas sua convicção de que o trabalho é um meio de expressar a devoção a Deus.

Durante os três anos que passou na Casa da Providência, Francisca nem por um momento se esqueceu de seu desejo de tornar-se freira. A persistência e a firmeza que demonstrou no orfanato acabaram por convencer o bispo de que ela era uma digna candidata à vida religiosa, e ele finalmente concordou em deixá-la tornar-se freira. Sete órfãs fizeram junto com ela os votos de pobreza, obediência e castidade.

As novas freiras continuaram a trabalhar na Casa da Providência. Alguns meses depois, porém, Francisca apresentou ao bispo provas de que a diretora roubava dinheiro da paróquia e solicitou a intervenção do prelado. Depois de ouvir os testemunhos, o bispo dissolveu o orfanato e encarregou Francisca de formar uma ordem feminina missionária. Atordoada, Cabrini respondeu: "Vou procurar uma casa." Isso foi em 1880. Sete anos depois, a ambiciosa Madre Cabrini já havia fundado seis outros conventos.

Satisfeita com o sucesso que obtivera na Itália, Madre Cabrini decidiu que chegara a hora de tornar realidade seu sonho de partir como missionária para a China, e procurou marcar uma audiência com o Papa Leão XIII para pedir permissão de levar adiante a obra missionária que planejara. Em vez de encontrar-se com o Papa, porém, Madre Cabrini foi recebida pelo cardeal-vigário Parocchi, que lhe pediu que fundasse duas instituições em Roma — uma escola livre e uma creche. Animada com a nova missão, ela declarou: "Nem os homens, nem as circunstâncias, nem os demônios podem me segurar agora." Levantou uma pequena quantia de dinheiro para os novos empreendimentos e encontrou mais freiras dispostas a trabalhar nas instituições. Quando estas já estavam bem encaminhadas, ela novamente pediu permissão ao Vaticano para viajar à China. Em vez disso, recebeu a ordem de levar sua missão a Nova York, para ajudar os imigrantes italianos que se esforçavam para começar a vida nos Estados Unidos.

"Filha, o campo que te aguarda não é o Oriente, mas o Ocidente. Francisca Cabrini, vai para a América", disse-lhe o Papa Leão XIII.

A caridade e a devoção não diferem entre si mais do que o fogo da chama; a caridade é um fogo espiritual que, quando se levanta em labaredas, tem o nome de devoção.

— SÃO FRANCISCO DE SALES

O que devemos receber? Um reino. Em troca de
quê? "Tive fome e me destes de comer." Que há
de mais simples e mais comum que dar de comer
aos famintos? No entanto, isso vale o Reino
dos Céus.

— SANTO AGOSTINHO

Assim, em 1889, ela zarpou para Nova York. Quando chegou, não havia ninguém a esperá-la. Tinham-lhe dito que um grupo de padres escalabrinianos fundara um orfanato em Nova York, e ela compreendera que a ela e suas freiras caberia o cuidado da instituição. Quando conseguiu achar o convento escalabriniano, ficou sabendo que o orfanato só existia nos sonhos dos sacerdotes. Para piorar as coisas, não havia lugar para ela e suas freiras no convento; assim, elas passaram aquela noite na hospedaria mais barata que conseguiram encontrar, revezando-se na vigília para espantar os ratos. No dia seguinte, foram à residência do arcebispo, o qual lhes disse que, lamentavelmente, deviam voltar a Roma. Madre Cabrini recusou-se. "Os Estados Unidos são a missão que me foi ordenada", disse a um arcebispo atônito. "Excelência, com toda humildade, digo que nos Estados Unidos é que eu devo ficar."

E ficou. Nesse ano, um jornal nova-iorquino registrou: "Estas jovens freiras mal falam o inglês. A diretora da congregação é 'Madre Francesca Cabrini', uma senhorinha muito ativa, de olhos grandes e rosto sorridente e simpático. Não conhece o inglês, mas conhece a linguagem universal do espírito humano."

Madre Cabrini acabou aprendendo o inglês, enquanto se lançava com suas freiras na tarefa de ajudar os milhares de imigrantes italianos que chegavam a Nova York e lá viviam em condições subumanas. Madre Cabrini determinou-se a melhorar a sorte deles, fundando um orfanato para as muitas crianças abandonadas. A situação é descrita no prefácio à *Vida de Madre Cabrini*: "Lotando alojamentos sórdidos, desconhecendo a língua e o modo de escapar às prisões do Novo Mundo, muitos [imigrantes italianos], sobretudo as crianças, sofriam com a ignorância, a imundície, as doenças, as maquinações de políticos e senhorios corruptos e, por último na enumeração mas não na importância, com o próprio medo. Foi nesse mundo que chegou aquela freira, aos trinta e nove anos, de saúde frágil, contando apenas com a própria fé e as bênçãos do Papa para guiar-se. Seus sentimentos de dúvida e medo devem ter sido muito grandes, mas, como sempre em sua vida, sua determinação era insuperável." E foi assim que, poucos meses depois da chegada a Nova York, Madre Cabrini estabeleceu seu orfanato, apesar da forte oposição de diversos membros da sociedade nova-iorquina e até da igreja local.

"Como Santa Teresa", costumava dizer, "com Deus e cinco centavos posso fazer grandes coisas." Cada vez que se determinava a fundar uma nova instituição, quer fosse um orfanato, um hospital ou um convento, parecia encontrar um modo de financiá-la com pouco mais de cinco centavos. Não muito tempo depois de ter estabelecido seu orfanato em Nova York, por exemplo, ela teve a idéia de adquirir uma bela propriedade de 180 hectares às margens do Rio Hudson para proporcionar às crianças um ambiente mais adequado ao crescimento. O terreno pertencia a um grupo de jesuítas que estavam dispostos a vendê-lo por não terem conseguido encontrar água no local, mesmo depois de diversas tentativas. Madre Cabrini disse aos jesuítas que compraria a propriedade, embora não tivesse idéia de onde arranjar o dinheiro. Na época, disse às irmãs: "Os jesuítas estão empacotando suas coisas e mudando para outro convento que construíram em Peekskill. Eu lhes disse que Nosso Senhor é o meu banqueiro e não deixará de me ajudar a encontrar o dinheiro. Estes problemas superam a minha fraqueza natural e me deixam mais forte. Quanto maior o problema, mais forte me torno. Agora, tudo o que quero é um prato de arroz à milanesa e um copo de cerveja gelada."

170

Madre Cabrini logo levantou a quantia necessária para comprar o terreno. Rezou então a Nossa Senhora para que Ela a ajudasse a encontrar água. A Mãe Santíssima apareceu-lhe num sonho e lhe disse onde cavar o poço. No dia seguinte, ela contratou trabalhadores e lhes determinou onde cavar. Em pouco tempo, elas encontraram uma nascente que garantiu ao orfanato um suprimento contínuo de água doce.

Um dos casos mais impressionantes da habilidade excepcional de Madre Cabrini para ver seus sonhos tornarem-se realidade ocorreu em Seattle, em 1912, quando ela ficou sabendo que um de seus orfanatos ficava no trajeto proposto para a ampliação de uma estrada e teria de sair de lá. Certa noite, depois de percorrer em vão a cidade, a pé, em busca de uma nova casa, Madre Cabrini sonhou com uma mansão sobre uma colina. Localizou a propriedade que vira no sonho e disse calmamente às suas freiras: "Aquele paraíso será para os nossos órfãos, de um modo ou de outro."

Quando voltavam a pé da mansão para o convento, as freiras estavam exaustas. Madre Cabrini pensou em parar um táxi, mas não queria gastar o dinheiro. Naquele momento, passou por ela uma limusine com uma única passageira, e Madre Cabrini fez sinal para que ela parasse. A passageira ofereceu-se para levar as freiras de volta ao convento. Pelo caminho, Madre Cabrini começou a falar de seu sonho e da mansão que acabara de ver. A mulher aos poucos percebeu que sua passageira era a famosa Madre Cabrini, e que a casa de que estava falando era a sua própria residência.

"Madre Cabrini, a mansão que a senhora viu hoje, o 'paraíso' de que a senhora fala — é meu. Nunca pensei em me desfazer dele. Mas se eu puder entrar por um instante na sua casa sagrada e receber de suas mãos um copo de água em nome de Nosso Senhor, seus pequenos órfãos terão o seu 'paraíso' de todo o meu coração." Depois, Madre Cabrini disse que adquiriu a propriedade com três tesouros: "Meu amor, um sonho e um copo de água em Seu nome."

Apesar da vontade de aposentar-se e passar o resto de seus dias rezando e meditando, Madre Cabrini permaneceu à frente de uma congregação cada vez maior de freiras missionárias, trabalhando incansavelmente pelos cidadãos mais pobres do país, até o dia de sua morte,

22 de dezembro de 1917. Quando ela morreu, aqueles que a tinham conhecido ou ouvido falar de suas obras começaram a rezar pedindo sua intercessão. Dez anos depois de sua morte, 150.000 relatos de graças obtidas através dela foram mandados ao Papa de todas as partes do mundo, pleiteando a causa de sua canonização. Em 1946, Madre Cabrini foi canonizada como uma mulher tão cheia do espírito de serviço que ousou dedicar sua vida aos irmãos. Sua coragem, perseverança, bom humor e perene compaixão pelos necessitados continuam a inspirar milhares de pessoas a dedicar suas vidas ao serviço da compaixão, em nome de Deus.

ORAÇÃO A MADRE FRANCISCA CABRINI
Pela Calma e Generosidade

Santa Francisca Cabrini. Imagem de um santinho.
(Maryknoll Fathers)

Através de tua obra missionária, irradiaste grande luz para os necessitados. Teu caminho foi simples e suave, mas cumpriste muitas tarefas, pequenas e grandes. Peço-te que me ajudes a permanecer calma e resoluta na realização de meus próprios projetos de compaixão. Ó Madre Cabrini, aumenta a minha fé nos momentos de dúvida! Ajuda-me a encontrar o caminho da simplicidade.

15

UM CORAÇÃO DE TERNURA
São Patrício

*H*á poucos anos, num dia 14 de março, durante uma viagem de negócios a Nova Orleans, comecei a conversar com um jovem casal californiano no microônibus que nos levava do avião ao aeroporto. Alegre, barulhento e anormalmente amistoso, o casal estava encantado de estar em Nova Orleans. "Por que vocês vieram a Nova Orleans?", perguntei. "Vamos participar do desfile do Dia de São Patrício, amanhã", responderam. "Já faz algum tempo que estamos na expectativa deste dia." Havia cerca de doze pessoas no microônibus, e eu logo fiquei sabendo que a maioria de meus companheiros de viagem viera também para participar do desfile anual. Por curiosidade, perguntei ao grupo se alguém saberia me dizer algo sobre a vida de São Patrício. Por que era ele um santo, e por que seu desfile era tão importante para todos eles? Ninguém no microônibus tinha idéia de quem fora realmente São Patrício; sabiam apenas que era o santo padroeiro da Irlanda e que expulsara milagrosamente as cobras da nação-ilha. Como esta conversa demonstrou de modo tão espontâneo, São Patrício é um dos personagens históricos cuja vida está mais envolvida pela lenda.

Para aqueles que só conhecem a vida mítica de São Patrício, será surpreendente saber que ele não era irlandês, mas inglês. Nascido em 390, filho de uma rica família cristã romanizada, São Patrício estudou latim e teologia na juventude, mas não se distinguiu em nenhum desses estudos. Tão indiferente à fé quanto aos estudos, nada havia nele que indicasse sua futura grandeza. Mas em 403, quando ele tinha mais ou menos dezesseis anos, foi forçado a entrar num caminho de perigos e descobertas que viria a mudar sua vida.

Embora não se tenha uma idéia muito certa do que realmente ocorreu, tudo indica que um grupo de piratas irlandeses fez uma expedição à Grã-Bretanha, capturou o jovem Patrício, levou-o de volta à Irlanda e reduziu-o à condição de escravo. Nessa condição ele permaneceu pelos seis anos seguintes, pastoreando porcos para um chefe de clã irlandês. Na solidão do seu cativeiro, São Patrício tornou-se fervorosamente religioso. Como depois escreveu em suas *Confissões* autobiográficas (que nos proporcionam as únicas informações confiáveis sobre a sua vida), ele vagava pelas colinas da Irlanda orando continuamente a Deus. "O

São Patrício.
(Maryknoll Fathers)

Um irmão perguntou ao Abade Poemén: "Como devo me comportar na minha cela, no lugar onde vivo?" Ele respondeu: "Comporta-te como se fosses um estrangeiro; onde quer que estejas, não queiras que tuas palavras tenham qualquer influência, e estarás em paz."

— OS PADRES DO DESERTO

amor e o temor de Deus aumentavam cada vez mais em mim. Minha fé cresceu e meu espírito se animou a ponto de eu recitar até cem orações num único dia, e um número quase igual à noite. Eu costumava ficar nas florestas e montanhas. Antes do amanhecer, eu acordava para rezar sob neve, geada ou chuva; e o Espírito fervilhava tanto dentro de mim que eu jamais sentia a tibieza que hoje às vezes sinto."

Certa madrugada, pouco antes da aurora, enquanto ele dormia, um anjo lhe apareceu em sonhos. Amedrontado, ele ouviu o que o anjo dizia: "Bem fazes em jejuar e bem fazes em rezar. Logo verás de novo a tua terra. Teu navio já está à espera." Sem demora, ele fugiu de seu senhor e caminhou cerca de trezentos quilômetros até um porto irlandês, onde um grupo de marinheiros concordou em levá-lo para lugar seguro. Depois de mais vinte e oito dias de caminhada, ele finalmente reuniu-se à sua família na Grã-Bretanha. Estivera longe de casa por quase seis anos.

Depois de passar por essa provação que o exaurira fisicamente e o desgastara emocionalmente, São Patrício era acordado muitas vezes, à noite, por vozes e visões dos campos irlandeses. As vozes imploravam que ele voltasse à Irlanda para salvar as almas dos habitantes da ilha. Certa noite, ele teve um sonho particularmente convincente e que transformou sua vida. Ele relatou em suas *Confissões*: "Vi um homem que parecia vindo da Irlanda. Seu nome era Vitorino, e carregava consigo uma imensa quantidade de cartas. Deu-me uma delas, cujo título era 'A Voz dos Irlandeses'. E quando comecei a ler, julguei ouvir dentro de mim aquela mesma voz do povo que morava perto da floresta de Foclut, não longe do mar ocidental. Eis o que diziam: 'Rogamos-te, ó santo jovem, que venhas mais uma vez caminhar conosco.' Fui tocado tão fundo no meu coração que não pude ler mais, e acordei do meu sono."

Chamado pelas suas visões a uma vida nova e mais corajosa, São Patrício embarcou imediatamente para a França para estudar e receber as ordens sacras com São Germano de Auxerre. Depois de completar os estudos, pediu à Igreja que o enviassem para a Irlanda; em vez dele, porém, foi escolhido Paládio, o primeiro bispo irlandês. Mas Paládio morreu cerca de um ou dois anos depois, e o Papa Celestino I enviou São Patrício à Irlanda para substituir o falecido bispo.

Chegado à Irlanda, São Patrício decidiu concentrar seus esforços nas regiões oeste e norte do país, onde o Evangelho nunca ou quase nunca fora pregado. Trabalhou incansavelmente para evangelizar esses territórios, fundando muitas igrejas e mosteiros, abrindo escolas e iniciando os irlandeses no conhecimento do latim.

Embora tivesse uma profunda fé apocalíptica, São Patrício não era desses evangelizadores que baseiam suas pregações no inferno e na condenação. Ele se valia muito da Bíblia para seus sermões e em todos os seus escritos sublinhou a bondade, o amor e o carinho de Deus para com aqueles que O buscam. Sua piedade era genuína, calorosa e profunda. Combinada à sua mensagem simples de amor, sua apreciação pela cultura irlandesa logo conquistou o povo da Irlanda. Ele nunca hesitou em delegar aos convertidos o controle sobre as estruturas eclesiásticas; isso habilitou os irlandeses a estabelecer sua fé cristã sobre fundamentos nativos. São Patrício permitiu que os clérigos se casassem e apresentou a monogamia como um ideal cristão a ser atingido. E, o que talvez seja o mais importante, nunca apressou os irlandeses. Deu-lhes o tempo de que precisavam para absorver o Cristianismo e assimilá-lo a seus antigos costumes.

Tocados pelo desvelo e pelo carinho de Patrício, os irlandeses converteram-se em grande número. Quando ele morreu, em 461, a ilha quase inteira já se havia convertido ao Cristianismo. Nunca houve, em toda a história da Igreja, um missionário mais bem-sucedido. Em meio a isso tudo, São Patrício permaneceu humilde. "Eu, Patrício, pecador, sou o menor e o mais ignorante dos fiéis, desprezado por muitos. [...] Devo à graça de Deus que tantos tenham renascido para Ele através de mim."

São Patrício não tinha nada dos arrebatamentos heróicos de Santa Joana, dos escritos acalorados de São Jerônimo ou do intelecto brilhante de Santo Agostinho. Não obstante, os convertidos acorriam a ele porque ele os convertia pelo seu exemplo. Suspeito que haja nisso uma lição para todos nós: São Patrício levou a sério as palavras "ama a teu próximo como a ti mesmo". À diferença de muitos missionários que o antecederam ou que vieram depois dele, São Patrício conseguiu praticar uma forma rara de amor incondicional, pois despojou-se quase totalmente da identificação com sua própria cultura.

Ao contrário de muitos missionários cristãos que foram enviados à Ásia durante a Idade Média, São Patrício nunca pensou que sua cultura nativa, a inglesa, fosse superior às outras. Antes, compartilhava as emoções, pensamentos e sentimentos do povo que adotou. Só então os irlandeses puderam enxergar a verdadeira mensagem cristã, e não as roupagens culturais que tão freqüentemente envolvem o missionário. São Patrício jamais tentou mudar os irlandeses. Tudo o que fez foi procurar amá-los em nome de Deus.

São Patrício não foi um homem brilhante, mas um trabalhador criativo que confiava nos ditames de seu coração quando deparava com um desafio. Em conseqüência, nunca houve uma barreira entre ele e os que converteu. Era um homem totalmente transparente, santo e humilde, que estendeu sua mão a um povo estranho com sinceridade e amor. É essa, tenho certeza, a tarefa primordial de todos os homens e mulheres que se dedicam ao serviço da compaixão.

ORAÇÃO A SÃO PATRÍCIO
Pela Humildade

Foste um santo evangélico que chegaste a amar de todo o coração um povo que te era estranho. Jamais consideraste os teus costumes superiores aos deles, nem procuraste impor aos outros a tua vontade. Peço-te que me concedas a tua capacidade de agir com sensibilidade e carinho para com os outros. Ajuda-me a discernir e a partilhar das emoções, pensamentos e sentimentos de meus amigos e entes queridos, dos estranhos e adversários, a fim de poder agir com amor para com eles. Peço-te que a sabedoria que adquiriste ao estender a mão a estranhos com humildade e amor se torne a essência da minha vida espiritual.

16

O CASTELO INTERIOR
Santa Teresa de Ávila

"*D*eus, livrai-me dos santos carrancudos", costumava dizer Santa Teresa de Ávila. E Deus parece ter ouvido sua oração, pois ela não foi nem um pouco carrancuda. Como São Francisco e seus frades, também ela levava consigo o riso aonde quer que fosse, e tomava como motivo de riso tanto a si mesma como suas amigas e amigos. Às vezes, chegava a fazer pilhéria com o próprio Deus: "Não é de admirar que tenhas tão poucos amigos, quando tratas tão mal aqueles que tens." Não há dúvida de que Teresa foi um encanto e uma pérola rara na história da santidade, pois foi a um só tempo reformadora, mística e grande humorista. Seu legado é um legado de amor e contemplação na ação, e por isso ela é universalmente admirada.

A história de Teresa começa, muito apropriadamente, com um sorriso. Em 1522, aos sete anos de idade e habitando a província de Velha Castela, ela parece ter maquinado junto com o irmão um audacioso plano para fugir de casa. Não fugiu para viajar com o circo ou explorar as maravilhas de uma casa de fliperama, mas para converter os mouros ao Cristianismo. Felizmente, seu tio Francisco a alcançou pouco além das muralhas de Ávila e a trouxe para casa. A única decepção de Teresa no episódio foi não ter tido tempo para provar as uvas-passas que levara consigo naquela viagem que, segundo ela imaginara, a levaria ao mar-

O Êxtase de Santa Teresa.
(Bernini, Alinari Art Resource, NY)

tírio. Diversos biógrafos religiosos tomaram esta história como prova da vocação precoce de Teresa à santidade. De minha parte, acho que ela é muito mais um retrato da impulsividade de Teresa — de seu desejo de tomar atitudes corajosas.

Depois dessa primeira expedição de evangelização, a vida de Teresa, pelo que sabemos, foi muito semelhante à de qualquer outra menina rica vivendo na Espanha do século XVI — ou, de resto, nos Estados Unidos de hoje em dia. Todos os relatos nos dizem que ela era uma moça atraente que amava as festas, os romances e os flertes com os jovens castelhanos de Ávila. Foi só aos vinte e poucos anos que se decidiu a entrar para um convento carmelita, e tal decisão não foi inspirada pela paixão de servir a Deus, mas pela vontade de se afastar das tentações da vida no mundo. Muito simplesmente, ela teve medo de ir para o inferno se não moderasse seu comportamento (que não era, aliás, tão mau assim), e via a vida rígida do convento como uma maneira de se proteger. Poucos dias antes de ir para o convento, ela disse a um rapaz que estava admirando suas belas sapatilhas de dança: "Dê uma boa olhada, meu senhor, pois não terá outra oportunidade." E estava certa.

O pai de Teresa protestou veementemente contra a sua decisão de entrar para o convento, e recusou-se a lhe dar permissão. Aos vinte e um anos de idade, porém, com a mesma audácia que caracterizou toda a sua vida, ela fugiu durante a noite e ingressou no Convento Carmelita da Encarnação. A decisão de abandonar a amada cada paterna causou-lhe grande dor, mas ela sentia que não tinha escolha. "Quando deixei a casa de meu pai, senti tão intensamente a separação que creio que o sentimento não será mais forte quando eu morrer. Todos os meus ossos pareciam estar se rachando", escreveu ela em sua autobiografia.

Menos de um ano depois de se tornar freira, Teresa ficou gravemente doente, vitimada pelo que parece ter sido uma doença cardíaca ou paralisia. Seu pai, aflito, retirou-a do convento e levou-a à casa de uma meia-irmã para ser tratada pelo médico local. Apesar dos tratamentos com ervas, sua saúde não melhorou. Foi nessa época, porém, que ela obteve um exemplar de um livro chamado *Terceiro Alfabeto Espiritual*, de Francisco de Osuna, frei franciscano. Esse livro é geralmente considerado a primeira tentativa de descrever em língua espanhola os estágios da oração contemplativa, e Teresa confessou que, até o dia em que o leu, não fazia idéia de como rezar interiormente. Ela sempre recitara em voz alta orações rigorosamente estruturadas.

Os pastores eclesiásticos da época não aprovavam a "oração mental" descrita no livro de Francisco de Osuna, temendo que ela levasse os cristãos a pensar que bastaria voltar-se para dentro para ter acesso ao reino de Deus. A caridade e a penitência tornar-se-iam então totalmente desnecessárias. Por isso, a Igreja recomendava que tais livros fossem lidos com todo o cuidado. Mas Teresa ficou "encantada com o livro e determinada a seguir suas instruções com toda a força".

Enquanto a vida de oração de Teresa melhorava, sua saúde se deteriorou a ponto de ela sentir como se "dentes agudos se enterrassem" no seu coração. Sua agonia era tão grande que ela não conseguia dormir; assim, deixou a casa da meia-irmã e foi morar com o pai. Em agosto, Teresa entrou em coma profundo. A família, pensando que estivesse morta, pediu que lhe fossem administrados os últimos sacramentos e mandou cavar sua sepultura. Por três dias ela permaneceu imóvel; no quarto dia, porém, conseguiu abrir os olhos — tarefa difícil, pois seu rosto já havia sido besuntado com cera em preparação para o funeral. Quando finalmente voltou a si, Teresa viu-se paralisada, conseguindo movimentar apenas um dos dedos da mão direita. Apesar de sua condição, insistiu em voltar para o convento. Sua paralisia durou oito meses, e três anos se passaram antes que ela pudesse levantar-se da cama. "E

Santa Teresa de Ávila é a padroeira da Espanha e é invocada contra dores de cabeça e doenças do coração. É uma das místicas mais queridas de todo o mundo.
(Instituto de Estudos Carmelitas, Washington, D.C.)

*Tentação muito traiçoeira é o sentimento seguro
de que jamais cairemos novamente em nossas
antigas faltas ou voltaremos a ter desejo dos
prazeres mundanos.*

— SANTA TERESA DE ÁVILA

quando pude andar de gatinhas, dei graças a Deus por isso", escreveu. Ela atribuiu sua recuperação à intercessão de São José, santo por quem ela teve grande devoção durante toda a sua vida.

Nos anos seguintes, Teresa aos poucos recuperou a saúde, mas por algum motivo perdeu a capacidade de rezar, o que a perturbou mais do que os piores dias da doença. "Eu ficava mais ansiosa para que passasse a hora que havia decidido consagrar à oração do que para permanecer lá [...] quando entrava no oratório, sentia uma tristeza tão insuportável que tinha de reunir toda a minha coragem", escreveu ela em sua autobiografia, *O Livro de Sua Vida*. Ela viria a passar os dezoito anos seguintes nesse estado de angústia e ausência de oração.

O notável ponto de virada na vida de Santa Teresa veio em 1555, quando ela tinha quarenta anos. Teresa recebeu um exemplar das *Confissões* de Santo Agostinho. "Quando comecei a ler as *Confissões*, parecia estar vendo lá o meu próprio eu", contou depois. E desfez-se em lágrimas, percebendo que mesmo aqueles que se sentem chamados a Deus caem com freqüência e precisam novamente levantar-se e arrepender-se. Essa experiência mudou toda a sua vida religiosa, pois ela voltou a rezar.

Teresa entrou em sua nova vida de oração com grande temor, pois era corrente na época a trágica história da freira Madalena da Cruz, de Córdoba. Desde a infância de Teresa, Madalena fora vista como mulher de alta santidade, agraciada com muitos milagres. Oito anos antes, porém, Madalena confessara à Inquisição que suas obras milagrosas eram todas de autoria do Diabo, com quem ela havia feito pacto aos cinco anos de idade. A Espanha toda ficou escandalizada com a notícia, e Teresa era assombrada pela idéia de que também ela poderia ser desviada pelo Diabo em sua prática de oração contemplativa. Mas finalmente concluiu que "a melhor coisa que poderia fazer era conservar uma consciência clara e evitar todas as ocasiões de pecado, mesmo ve-

A menos que tenhas cuidado, os elogios dos outros podem fazer-te muito mal. Uma vez começados, jamais terminam, e geralmente acabam por arruinar-te.

— SANTA TERESA DE ÁVILA

nial. Assim, se o Espírito de Deus estivesse por trás de tudo, o ganho seria evidente; e, se o inspirador fosse o Diabo, desde que eu procurasse agradar ao Senhor e evitasse ofendê-Lo, o inimigo não poderia me fazer mal e sairia perdedor".

Em pouco tempo, Teresa começou a ter experiências místicas com regularidade. Procurou diligentemente os conselhos de vários diretores espirituais que a ajudassem a decifrar suas visões místicas. Em 1559, aos quarenta e quatro anos de idade, Teresa teve uma visão arrebatadora de Cristo Ressuscitado. A essa altura, o padre Álvarez, seu confessor, aconselhou-a a resistir a quaisquer outras visões. Mas Teresa foi completamente incapaz de seguir-lhe o conselho. "Nesses raptos, a alma parece não animar mais o corpo, que por isso perde seu calor natural e aos poucos fica frio, embora isso se faça acompanhar de um sentimento de grande doçura e deleite. Então, não há como resistir." Os êxtases de Teresa se tornaram tão fortes que, como ela escreveu, "Às vezes meu corpo inteiro é levantado do chão". Certa vez, ela pediu às freiras que estavam a seu lado que ajudassem a segurá-la para que os ouvintes não percebessem sua levitação durante o sermão da missa. "Mas todos notaram do mesmo jeito", conta ela.

Apesar da intensidade de seus momentos místicos, a vida de Teresa no convento era calma, agradável e previsível. Mas certo dia, em 1560, ela se sentiu convocada por Deus a fundar uma nova ordem carmelita, dedicada, como no princípio, às regras de austeridade que vinham dos primeiros fundadores. A própria Santa Teresa admitiu que assumiu a tarefa com alguma relutância. "Eu era muito feliz na casa onde estava. O lugar correspondia muito ao meu gosto, assim como a minha cela, com a qual eu estava perfeitamente satisfeita." Não obstante, ela silenciosamente começou a procurar aliados para seu projeto. O padre Álvarez esquivou-se e encorajou-a a desistir de sua missão. Outros aconselharam-na a ir devagar, por medo da Inquisição. Mas, quanto mais resistência ela encontrava, tanto mais comprometida e corajosa se tornava. As críticas "pareciam-me apenas engraçadas, fazendo-me rir. Quanto a isto, nunca senti medo", escreveu ela.

Santa Teresa propunha a formação de novas comunidades em que fosse restaurado o ardor original da tradição carmelita: jejum rigoroso, muitas horas de oração por dia, vestes modestas e, para dormir, nada além do chão e uma pedra como travesseiro. Em 1561, com a ajuda de um benfeitor leigo, ela encontrou uma casa para a sua nova ordem. No ano seguinte, seu novo convento carmelita, que viria a receber o nome de Convento de São José, recebeu a aprovação papal. Entretanto, as carmelitas calçadas, menos austeras, ofenderam-se com a crítica implícita de Teresa a seu modo de vida que, segundo ela, necessitava de reforma. Em pouco tempo, as ordens carmelitas não-reformadas pediram a supressão pura e simples da nova ordem de Santa Teresa. Apesar dessa oposição, Santa Teresa passou os oito anos seguintes em incessante atividade, fundando sete conventos. Mas isso não era suficiente, pois Teresa começou a perceber que seus esforços pela reforma viriam a sucumbir caso sua missão não se ampliasse de modo a incluir também os homens. Foi mais ou menos nessa época que ela teve a sorte de conhecer São João da Cruz em Medina del Campo. Ele e um companheiro decidiram unir-se ao movimento reformador de Santa Teresa, tornando-se os primeiros frades da nova ordem.

O espírito humilde e amoroso de São João agradou imediatamente a Santa Teresa, que observou: "Ele era tão bom que, ao menos, eu tinha mais a aprender dele do que ele de mim." Juntos, os dois realizaram a reforma da ordem carmelita. "Embora já tenhamos tido algumas divergências quanto a assuntos de negócios", escreveu Santa Teresa, numa carta, a respeito de São João, "e eu já tenha ficado irritada com ele algumas vezes, nós nunca vimos nele a menor imperfeição." São João, de sua parte, tirou vantagem de sua posição de confessor de Santa Teresa para repreendê-la gentilmente: "Quando fazes tua confissão, ó Madre, achas jeito de encontrar as mais belas desculpas." Ele tentou ensinar Santa Teresa sobre a "oração unitiva", que ele qualificava como uma completa renúncia a si mesma para abrir espaço para Deus. Teresa, de sua parte, procurou escrever para ele seus pensamentos sobre a união mística, dizendo-lhe que os momentos de união de que gozava "desapareciam num instante". Essa amizade incomum permitiu que Santa Teresa confiasse plenamente — talvez pela primeira vez na vida — na pureza absoluta de seu confessor. Juntos, os dois formaram um laço de amizade verdadeira e duradoura.

Quinze anos depois de fundar sua ordem, aos sessenta e sete anos de idade, Santa Teresa sofreu um enfarte. Percebendo que lhe restava pouco tempo para viver, reuniu suas freiras. "Minhas filhas e senhoras minhas: rogo-vos, pelo amor de Deus, que observeis com toda a fidelidade a Regra e as Constituições. Se as guardardes tão fielmente quanto deveis, nenhum outro milagre será necessário para a vossa canonização. Não imiteis o péssimo exemplo que vos deu esta má freira, mas perdoai-me", disse às irmãs que estavam reunidas no dia 2 de outubro de 1582. Dois dias depois, morreu.

Santa Teresa fundou dezessete conventos e quatorze priorados durante sua vida. Seis anos depois de seu falecimento, uma ordenação papal estabeleceu as Carmelitas Descalças como ordem plenamente independente. Santa Teresa foi canonizada em 1622 e proclamada Doutora da Igreja em 1970 em virtude dos muitos livros que escreveu sobre teologia mística, o mais famoso dos quais é *As Mansões do Castelo Interior*, que fala da viagem da alma pela via mística.

Santa Teresa acreditava que o amor é o elemento essencial da verdadeira oração mística e que o florescimento do amor em toda atividade cotidiana é a meta da vida espiritual. Ela conseguiu combinar a contemplação e a ação de modo praticamente perfeito, sendo capaz de passar da experiência mais sublime à mais comum com maior facilidade que qualquer outro santo. O amor transbordou para todos os aspectos de sua vida, talvez porque o amor e a oração fossem para ela uma só coisa. Escreveu: "Só o amor, sob qualquer forma, leva à união com Deus." Para ela, o amor levava ao misticismo, e este ao amor. Os verdadeiros frutos da vida contemplativa se vêem na ação amorosa, pois o amor é ele mesmo o coração da oração: "Se quiseres progredir nesta vida, o importante não é pensar muito, mas amar muito. Faze, pois, tudo aquilo que te estimula a amar." Nunca se viu conselho mais sensato.

188

ORAÇÃO A SANTA TERESA DE ÁVILA
Pelo Equilíbrio

Santa Teresa recebendo a instrução do Espírito Santo.

Certa vez, pediste a Deus: "Livrai-me dos santos carrancudos." Tua vida é exemplo de humor e amor, de ação e contemplação. Peço-te que me lembres que a melhor maneira de viver a vida é vê-la como uma aventura no amor, pois disseste: "Só o amor, sob qualquer forma, leva à união com Deus."

17

ATRAVESSANDO A NOITE
São João da Cruz

São João da Cruz (1542-1591), como poucos outros santos, representa o desabrochar da esperança. Há séculos que as pessoas vão a seus escritos em busca de desafogo e consolo, pois esse místico pacífico sempre insistiu que o desespero é tão necessário ao crescimento espiritual quanto o entusiasmo místico. Em seus muitos escritos sobre a vida mística, e particularmente no clássico *A Noite Escura da Alma*, São João da Cruz afirmou com força que o grande desespero geralmente leva a uma grande esperança; que a grande esperança acaba por produzir grande fé; e que a grande fé invariavelmente conduz a Deus. Desde que haja esperança, a fé nos conduzirá a Deus. Diz Kenneth Leach em *Soul Friend*, livro lúcido e elegante sobre a direção espiritual: "Na esperança, esperamos no escuro, como vigias esperando a aurora."

Gail DeGeorge, mulher de pouco mais de trinta anos que trabalha duro como profissional liberal em Miami, conhecia pouco das idéias de São João da Cruz sobre os momentos de crise. Sua vida prosseguira quase sem problemas por pouco menos de trinta anos, e ela nunca sentira a necessidade de ler os escritos do santo. Recentemente, ela me contou: "Eu nunca tinha tido qualquer razão para duvidar da existência de Deus até o momento em que meu noivo, Willie, morreu num desastre de avião na África." Nos meses de depressão que então vieram nublar a sua vida,

191

Gail aprendeu o que significa ficar sem apoio nenhum e o que São João da Cruz queria dizer quando falou da "noite escura da alma".

A noite mais escura de Gail foi uma noite solitária que ela passou a ler, mais uma vez, as cartas que recebera de Willie durante as viagens dele. Sentada sozinha com aquelas cartas, seus pensamentos voltaram-se para os momentos de alegria que eles haviam passado juntos. Dominada por um sentimento de perda e sofrimento, ela começou a chorar e rezou a Deus pedindo uma resposta: Por que aquele homem maravilhoso lhe fora tirado? Seu amor estava perdido? Ela voltaria a recuperar a fé na bondade da vida?

Depois de toda uma noite de dolorosa luta interior, Gail acordou na manhã seguinte e constatou que, das três rosas que ela comprara na tarde anterior, duas estavam plenamente abertas. A terceira, porém, murchara e morrera. Ela me disse: "Aquela terceira rosa tinha o cabo mais comprido que as outras e, quando a comprei, ela representava Willie para mim, porque ele era muito alto. Assim que vi a rosa dele murcha e caída, percebi que Deus estava me dando um sinal de que o amor de fato sobrevive à morte. Willie tinha morrido, mas as outras rosas estavam esplendorosamente abertas. A vida continua, é boa e é bela. Muitos meses se passaram até que eu me recuperasse plenamente, mas naquele momento eu percebi que estava no caminho certo. Minha esperança estava novamente acesa, e eu sabia que seria só uma questão de tempo até estar bem de novo."

Como a de São João da Cruz, a "noite escura da alma" de Gail acabou conduzindo-a a um florescimento da esperança e a uma renovação da fé. Sua difícil viagem rumo a Deus foi marcada por muitas quedas e fracassos, mas hoje ela está casada, tem um filho e diz com toda confiança que "o amor sobrevive à morte". Agora, aprecia a sabedoria de São João da Cruz, pois passou a concordar com ele quanto à existência de "uma noite escura pela qual a alma passa a fim de atingir a Luz divina". É só passando por um período de escuridão, tempo em que a fé parece árida como um deserto, que podemos aceitar Deus pelo que é e tal como é, diz São João.

Por tudo o que escreveu, São João é um grande mistério. Parece ter sido auto-suficiente a ponto de jamais precisar de ninguém em sua vida. Naturalmente atraído pela solidão, era homem de temperamento

...ereno que considerava a maioria dos acontecimentos cotidianos como alheios à busca de Deus. "Os negócios mundanos tiram o manto da paz e eliminam o silêncio da contemplação de amor", escreveu ele no *Cântico Espiritual*.

Não obstante, devido à sua paixão por Deus, São João foi para seus amigos aquela pessoa que todos mais estimam: um bom ouvinte. Quando lhe pediam que ensinasse, ele o fazia com espírito abnegado, falando pouquíssimo de si próprio ou mesmo de seus ouvintes, e só do caminho da alma em direção a Deus mediante a renúncia a tudo por amor d'Ele. Como escreveu na *Subida do Monte Carmelo* (tratado que permaneceu inconcluso): "Para encontrares prazer em tudo, não busques prazer em nada. Para conheceres tudo, não busques conhecer nada. Para possuíres tudo, não busques possuir nada. Para seres tudo, sejas nada."

A convicção de São João de que é absolutamente necessário livrar-se do apego pelas coisas do mundo para ter acesso ao Reino de Deus tem, obviamente, suas raízes no Novo Testamento. Mas suas crenças maduras podem também ter sofrido a influência de sua infância pobre. Ele nasceu em Fontiveros, na Espanha, em 1542. Seu pai, Gonzalo de Yepes, descendia de uma rica família toledana de comerciantes de seda. Sua mãe, Catalina Alvarez, fora criada por tecelões de seda pobres. Quando Gonzalo se casou com Catalina, em 1529, a família deserdou-o e forçou o casal a fixar residência em Fontiveros, grande povoado de cerca de cinco mil habitantes. Lá, Gonzalo e Catalina passaram a morar com os mais pobres dentre os pobres.

Nesse ambiente de pobreza e dificuldades, o casal teve três filhos. Gonzalo, porém, ficou doente e morreu logo depois do nascimento de seu terceiro filho, Juan (São João). Catalina foi deixada na mais absoluta miséria e, em poucos anos, seu segundo filho, Luís, morreu de desnutrição. O jovem São João só a duras penas conseguiu sobreviver e, raquítico, nunca ultrapassou a altura de um metro e meio. Durante toda a sua vida ele nunca teve boa saúde.

Para as famílias pobres da Espanha do século XVI, as únicas oportunidades de educação e progresso pessoal eram o exército ou a Igreja. Como São João era muito pequeno e fraco para o serviço militar, Catalina internou-o numa escola de catecismo semelhante a um orfanato, onde ele recebeu instrução religiosa e vocacional. A escola garantiu-lhe

A fé nos fala de coisas que nunca vimos e que não podemos conhecer pelos sentidos naturais.
— SÃO JOÃO DA CRUZ

um aprendizado em carpintaria e tecelagem, mas ele não se mostrou apto a nenhum desses ofícios. Tímido, pensativo e fisicamente fraco, ele não demorou a perceber que seu futuro não estava no mundo do trabalho, mas no universo das idéias. Assim, de 1559 a 1563, ele freqüentou o colégio que os jesuítas haviam acabado de fundar em Medina del Campo, onde recebeu uma educação clássica em humanidades.

Mas São João não se afeiçoou à vida intelectual dos jesuítas, e aos poucos foi gravitando em torno das ordens mais contemplativas dos franciscanos e dos carmelitas. Em 1563 ingressou no convento carmelita de Medina del Campo, tornando-se frade aos vinte anos. Poucos anos depois, foi ordenado sacerdote e deu início a uma amizade — que viria a se prolongar por toda a vida — com Santa Teresa de Ávila, que na época estava trabalhando para formar uma nova ordem carmelita, muito mais rigorosa.

Mais tarde, Santa Teresa escreveu a respeito de São João: "Ele sempre foi santo." Ela lhe disse que Deus o chamava a santificar-se na nova ordem, e pediu que ele considerasse a proposta de dirigir um dos dois novos conventos masculinos. Inspirados, São João e seu amigo padre Heredia tornaram-se os dois primeiros homens a coligar-se com Santa Teresa. No entanto, os esforços dela em prol da fundação de novos conventos depararam com a forte oposição de alguns clérigos poderosos.

Em 1577, o provincial de Castela chegou a ordenar que São João voltasse ao seu primeiro convento, em Medina del Campo. O suave místico recusou, afirmando que Santa Teresa recebera de uma autoridade muito superior, o núncio papal em Roma, as ordens para fundar novos conventos. Parece que ninguém acreditou nele, pois na noite de 2 de dezembro de 1577 um grupo de leigos e frades carmelitas acordaram São João e seu companheiro, Germano de São Matias, arrastaram-nos da cama e pressionaram-nos a abandonar as reformas. Ante a recusa de São João, ele foi espancado e encarcerado numa cela pequena e escura.

Feito prisioneiro por seus próprios irmãos carmelitas, São João foi severamente castigado pelas tentativas de reformar a ordem. Permaneceu trancado por nove meses numa cela tão fria que os dedos dos pés começaram a gangrenar. Em *Vidas dos Santos*, Alban Butler escreve que a cela "media três metros por dois, e a única janela era tão pequena e tão alta que ele tinha de ficar em pé sobre um banco, ao lado dela, para ler o ofício. São João foi barbaramente espancado — e levou no corpo as marcas desses espancamentos até o dia de sua morte". O carcereiro não tinha permissão de falar com ele ou de retirar os dejetos de sua cela, fazendo com que São João ficasse doente por causa do mau cheiro. Outros frades da ordem dos Calçados ficavam do lado de fora e ridicularizavam-no, contando notícias da recente supressão de um convento reformado e garantindo a São João que ele jamais sairia dali.

Depois de seis meses, o carcereiro de São João foi substituído por uma pessoa muito mais tolerante e compassiva, que lhe deu pena e papel e permitiu que ele limpasse a cela. Foi nessa época que São João começou a escrever o primeiro *Cântico Espiritual*, um dos maiores textos místicos de todos os tempos. Na cela úmida, em que sentira tão grande vazio e isolamento, ele entrou em si mesmo para encontrar a Deus e chegou a ver Sua presença nas maravilhas do mundo:

Minhas amadas montanhas,
Os bosques solitários do vale,
As fontes e rios murmurantes,
O solo da ilha distante,
O vento a assobiar canções de amor,
A noite calma,
A luz da aurora nascente,
A música silenciosa,
O som da solidão,
O jantar que acalenta e aquece o amor.

Mas São João não se satisfazia com a beleza exterior da Criação de Deus, pois sabia — como sabem todos os místicos — que o mundo

195

belo do *Cântico Espiritual* deve a certa altura ser deixado para trás, uma vez que o melhor lugar para encontrar o Amado é dentro, e não fora. Deus é a chama, a realidade que se esconde por trás da grande beleza do nosso mundo, e pode ser encontrado em toda a Sua pureza no fundo do nosso coração. São João escreveu em *Chama Viva de Amor*:

> *Ó chama viva de Amor,*
> *É com ternura que feres*
> *O mais fundo de minh'alma!*
> *Visto que já não me foges,*
> *Queiras por fim concluir:*
> *Rasga o véu que nos separa!*

Dentro da cela, São João conseguiu encontrar Deus no fundo do seu coração. Mas seu isolamento em relação ao mundo dos homens estava a ponto de terminar, pois seu carcereiro cometera um erro terrível: dera ao místico agulha e linha para remendar suas roupas. Em vez disso, São João usou-as para costurar os lençóis, formando uma corda. Ao mesmo tempo, no decorrer de vários dias, foi aos poucos soltando os parafusos da tranca de sua cela, até que, certa noite, conseguiu remover a tranca da porta, descer do terraço do convento pela corda e chegar ao jardim que havia embaixo. Diz a lenda que um cachorro então conduziu-o a um muro. São João pulou o muro e correu até um convento próximo de freiras carmelitas, onde se escondeu. As freiras deram-lhe abrigo, sob o pretexto de tratar-se de um homem muito doente e necessitado de confissão. Assim protegido, São João começou a convalescer e continuou compondo seus poemas espirituais.

No verão de 1588, o Papa ratificou um acordo de separação entre a reforma e as ordens não-reformadas. No ano seguinte, São João foi feito prior de um pequeno convento andaluz, El Calvario. Foi lá que escreveu *A Noite Escura da Alma*, em que descreve aqueles momentos em que Deus parece ausente da alma: "ela não encontra consolação ou apoio em nenhuma instrução, em nenhum mestre espiritual".

Depois da morte de Santa Teresa, em 1582, surgiram discordâncias entre os membros da nova ordem. São João acreditava que a vocação religiosa era de natureza contemplativa e que os membros da ordem não deviam deixar suas casas ou mosteiros para pregar. Muitos, porém, não concordavam com ele. Seu mais franco opositor era o padre Nicolau Doria, que fora prior de El Calvario antes de ser substituído por São João. Numa tentativa de pôr fim às disputas, São João permitiu que Doria o destituísse de todas as funções na ordem. Foi então mandado ao distante convento de La Penvela, onde se tornou uma figura de pouco destaque entre os carmelitas.

Em La Penvela, São João foi maltratado e humilhado. Sua saúde piorou tanto que ele teve de ser transferido para um priorado menor e mais longínquo, em Ubedam. O superior do priorado, Francisco Crisóstomo, tratou-o com grande severidade, porque desdenhava o fato de que alguns carmelitas viam João como um santo. Mesmo quando sua saúde piorou mais, Crisóstomo negou a São João os alimentos prescritos pelo médico, sob o pretexto de que o convento era pobre demais para atender às prescrições. Por fim, no dia 14 de dezembro de 1591, depois de sofrer terrivelmente por três meses, ele pediu que lhe lessem *O Cântico dos Cânticos*. De repente, exclamou: "Oh, que belas margaridas!", e morreu.

São João morreu só, com poucos admiradores. Só um punhado de freiras e alguns noviços reconheceram na sua bondade e sinceridade as marcas de um santo. Não obstante, suas maiores obras — *A Noite Escura da Alma*, *Cântico Espiritual* e *Chama Viva de Amor* — permanecem ainda hoje livros fundamentais para os estudiosos do misticismo. O próprio São João conseguiu condensar a sabedoria de toda a sua vida em um processo de cinco etapas, comparando a busca espiritual ao vôo de um pássaro. A primeira etapa é que "ele voa ao ponto mais alto; a segunda, que não procura companhia, mesmo de sua própria espécie; a terceira, que aponta o bico para os céus; a quarta, que não tem uma cor definida; a quinta, que canta muito baixinho". O vôo de São João foi tudo isso e muito mais.

São João da Cruz ouvindo a Palavra de Deus.
(Instituto de Estudos Carmelitas, Washington, D.C.)

ORAÇÃO A SÃO JOÃO DA CRUZ
Pela Inspiração e Maravilhamento

Ó poeta, reformador e gentil aventureiro da alma, entraste na noite escura e dela saíste transcendente. Teus escritos delineiam os passos do caminho místico e ensinam a beleza que reside no fundo do coração. Para sempre te serei grato por esta sabedoria. Peço-te que me ajudes a encontrar o místico que existe bem no fundo de mim. Ajuda-me a compreender as maravilhas do céu e da terra e a sentir a unidade essencial entre nós e elas.

EPÍLOGO

*T*rês semanas depois de terminar este livro, no dia 8 de junho de 1993, entrei em trabalho de parto para dar à luz minha segunda filha, uma menina a quem meu marido e eu chamamos Channa, que significa "graça" em hebraico. O parto já era esperado para qualquer momento e, quando senti as primeiras contrações por volta das 12:30, fiquei cheia de alegria. Como todas as mães sabem, a dor é relativamente fácil de agüentar quando lembramos que ela é essencial para a realização de algo maravilhoso.

Mas eu logo me veria às voltas com outro tipo de dor, uma dor terrível e totalmente inesperada, porque algo não correu como devia no consultório médico. Os batimentos cardíacos de Channa começaram a ficar mais lentos e eu fui enviada às pressas para o hospital, numa ambulância cuja sirene tinha um som altíssimo. Quando cheguei, levaram-me imediatamente para a mesa de operações, puseram-me para dormir e fizeram uma cesariana de emergência. Cerca de duas horas depois, ao acordar tonta, exausta e amedrontada, fiquei sabendo que Channa morrera. Seu cordão umbilical se enrolara no útero logo depois que entrei em trabalho de parto, e o pequeno coração foi simplesmente incapaz de suportar.

Eu passara os nove meses anteriores trabalhando em tempo integral neste livro, dedicando-me num ato de esperança e oração, quase como uma oferenda, confiante que Deus me daria em troca um bebê saudável. Nunca me perguntara — como faço hoje — por que eu sentia que devia fazer com Deus essa espécie de pacto secreto. Afinal de contas, eu era uma pessoa que, de boa-fé, procurava expressar em palavras o que eu pensava ser o significado de uma vida espiritual de humildade, devoção e gratidão. Eu não merecia que minha filha morresse.

Nos últimos três meses, passei muitas horas revendo e repensando toda a gravidez. O que fiz de errado? E se tivesse ido de manhã para o consultório médico? Por que não induzimos o trabalho de parto alguns dias antes, como havíamos considerado? Se há algo que aprendi a respeito dessa espécie de desgraças, é que elas nos dão infinitas oportunidades de rever e repensar o passado. Mas agora percebo que "E se...?" e "Por quê?" são perguntas que não ajudam muito a quem está ferido. Os sofredores não se interessam nem um pouco pelas "perguntas interessantes", mas pelas perguntas essenciais.

Três meses se passaram desde que Channa morreu, e nem um dia se passou sem que eu pensasse nela e lhe manifestasse o meu amor, esperando que ela saiba que foi amada por sua mãe e por seu pai. Nem um dia se passou sem que eu tenha me batido contra a injustiça de sua morte e perguntado se realmente já cheguei a ter alguma compreensão espiritual da vida e de seus mistérios. Não perdi minha fé em Deus, mas tenho lutado para conservar a fé na minha visão espiritual. Não obstante, mesmo em meio às dúvidas e gritos, continuo acreditando,

São Raimundo Nonato nasceu por cesariana depois que sua mãe morreu no trabalho de parto. Devido a esse nascimento difícil, ele é invocado pelas parturientes e é o padroeiro das parteiras.

(Museu de Arte de Denver)

como Santo Isaac da Síria, que "só Deus é a fonte de amor que jamais deixa de dar sua água".

Não, a questão não é saber por que as desgraças ocorrem, mas como reagir a elas. Todos aprendemos desde muito cedo que a vida é cheia de coisas boas e maravilhosas, mas é também pontuada por muitas coisas más, e, às vezes, algumas coisas terríveis. Ao que parece, cada dia nos lança de novo em rosto a verdade de que a vida não é fácil nem justa, além de ser freqüentemente muito enferma. Os santos me ensinaram que a vida espiritual consiste essencialmente em elevar-se acima dessa enfermidade; em encontrar um modo de compreender as muitas desgraças por que passamos e observamos, de modo a seguir adiante dotado de um maior sentido de compaixão e respeito por todas as criaturas de Deus. Revendo as vidas dos santos que estudei, percebo um tema constante: um amor inabalável por Deus e o desejo de elevar Sua criação com o pleno empenho da alma e do coração. Aparentemente, as desgraças e obstáculos nunca fizeram diminuir a força de vontade de Madre Cabrini, de Santa Joana, de São Maximiliano Kolbe e de um sem-número de outros homens e mulheres cheios de coragem. O compromisso de servir a Deus mediante o serviço às necessidades de Sua criação deu-lhes força para caminhar mesmo em meio às circunstâncias mais desesperadoras. Assim como a incansável compaixão de Deus vai em busca dos santos quando estes passam por seus piores momentos, assim a incansável compaixão dos santos vai em busca dos mais desesperados entre os sofredores.

De fato, como tantos santos afirmaram com força, é impossível alguém transformar-se num indivíduo verdadeiramente espiritual sem o sofrimento — não só porque não se pode escapar dele, mas porque sem ele é impossível compreender o significado do amor ou a majestade da beleza de Deus. Foi só quando segurei minha filhinha silenciosa nos braços que vim a compreender a verdade de algo que Kahlil Gibran escreveu: "O amor desconhece a própria profundidade até a hora da separação." As razões da necessidade de sofrer tanto para aprender a lição definitiva da gratidão pela vida continua sendo um mistério para mim. Sei apenas que isto é verdade: o sofrimento é o mestre, o amor o ensinamento. Apesar de toda a tristeza que venho sentindo, percebo também o quanto a morte de Channa já me ensinou. Compreendo como nunca antes, por exemplo, aquelas fotografias, que todos já viram, de mães lançadas de encontro ao Muro das Lamentações, em Jerusalém, chorando a perda de um ente querido. Antes da morte de Channa eu me comovia ao ver essas fotografias, mas nunca compreendera realmente o tipo de dor que leva a uma angústia tão incontrolável. Mas, horas depois de ter segurado Channa nos braços pela primeira e última vez, eu pensei nessas mulheres, já tantas vezes imortalizadas em filmes e fotografias, e finalmente compreendi o que significa urrar de dor. Pois há momentos na vida em que o sofrimento é tão esmagador que a única coisa que podemos fazer é urrar. Mas isso não é em vão, pois a água salgada das lágrimas é essencial para o nosso crescimento interior; um coração mais carinhoso e compassivo quase sempre se lança para fora e para cima, como os subestimados açafrões que brotam de nossos gramados na primavera.

Depois de ter perdido o marido e duas filhas devido à tuberculose, Madre Seton teve muitas ocasiões para cair em depressão. Mas ela, à semelhança de tantos outros que foram machucados pela vida, foi capaz de cultivar a compaixão a partir das raízes do seu sofrimento. É essa também a minha esperança. Se eu tivesse escolha, daria quase tudo para ter minha filha novamente comigo, mamando nos meus seios. Mas essa possibilidade não existe para mim. Só me restam o hoje e o amanhã. Permanece, portanto, a grande pergunta dos santos: Como viver o resto da minha vida?

Há poucos dias, ao procurar levantar o espírito depois de uma crise emocional, voltei o pensamento para São Francisco. Maravilhei-me com sua vida e percebi, como nunca antes, o quanto de força bruta e corajosa determinação é preciso para ser feliz. São Francisco me lembrou que, às vezes, é necessário mais coragem para voltar-se para Deus do que para afastar-se d'Ele. Deus é o único princípio de toda recuperação verdadeiramente espiritual, pois todo amor vem d'Aquele que, "amando, trouxe-nos à existência". Como escreveu Robert Llewelyn em *The Joy of the Saints*, "É esse amor de Deus que abraça tudo, largamente derramado em seus corações — forte e verdadeiro, compassivo e perseverante —, que é a marca do amor dos santos."

E é assim que voltei ao começo da minha história. Há mais ou menos três anos, fui levada a escrever este livro na tentativa de entender a morte de meu irmão, e agora me vejo às voltas com tentar entender a morte de minha filha. A única diferença entre os dois momentos é que passei os últimos anos estudando a vida dos homens e mulheres mais corajosos e espirituais que já passaram pela Terra. Hoje me acho rodeada por companheiros e mestres espirituais, marcos que indicam o caminho, muitos dos quais conseguiram navegar por águas muito mais traiçoeiras e perturbadas do que aquelas com que eu mesma já deparei. Será que encontrei a resposta? Não; mas estou a caminho, e tenho de agradecer aos santos por isso. Mesmo agora, ao chorar a morte de Channa, posso ouvir a voz suave de São João da Cruz murmurando em meus ouvidos: "Derrama amor onde não há amor, e de lá tirarás amor." Talvez essa seja a verdade mais elevada que eu virei a compreender. Agora só me resta lutar para pô-la em prática.

APÊNDICE
Índice de Santos Padroeiros

Este grande índice é um resumo de costumes há muito estabelecidos e das devoções dedicadas a certos santos considerados padroeiros e protetores dos que trabalham em determinadas profissões ou que podem ser invocados para determinadas necessidades.

ACADÊMICOS E ERUDITOS: Sto. Tomás de Aquino

AÇÃO CATÓLICA: S. Francisco de Assis

ACÓLITOS: S. João Berchmans

AÇOUGUEIROS: Sto. Adriano; Sto. Antão, abade

ADVOGADOS: São Tomás More, Sto. Ivo

AGENTES FUNERÁRIOS: S. José de Arimatéia; S. Sebastião

AGONIZANTES: S. José

AJUDA ESPIRITUAL: S. Vicente de Paulo

ALEMANHA: S. Bonifácio, S. Miguel Arcanjo

ALFAIATES: Sto. Homobonus, S. João Batista

ALPINISTAS: S. Bernardo

AMÉRICA DO SUL E AMÉRICA LATINA: Sta. Rosa de Lima

ANESTESISTAS: S. Renê

ANIMAIS: S. Francisco de Assis

ANIMAIS DOMÉSTICOS: Sto. Antônio

ANIMAIS SILVESTRES: S. Brás

APICULTORES: Sto. Ambrósio

APOSTOLADO DA ORAÇÃO: S. Francisco Xavier

ARGENTINA: Nossa Sra. de Lujan

ARMAZÉNS: Sta. Bárbara

ARMEIROS: S. Sebastião

ARMÊNIA: S. Gregório, o Iluminador

ARQUEIROS: S. Sebastião

ARQUEÓLOGOS: Sta. Helena

ARQUITETOS: Sta. Bárbara

ARTES LIBERAIS: Sta. Catarina de Bolonha

ARTILHARIA: Sta. Bárbara

ARTILHEIROS: Sta. Bárbara

ARTISTAS (PLÁSTICOS): S. Lucas

ARTRITE: S. Tiago

ASIA MENOR: S. João Evangelista

ASSISTENTES SOCIAIS EM MEDICINA: S. João Régis

ASTRÔNOMOS: S. Domingos

ATLETAS: S. Sebastião

ATORES: S. Genésio

Santa Dorotéia foi torturada e decapitada por recusar-se a negar sua fé. Enquanto a levavam para a decapitação, um homem pediu-lhe, zombando, uma das rosas que ela afirmava ter colhido no jardim de Jesus. Embora fosse inverno, quando Dorotéia repousou a cabeça sobre o bloco de pedra, um menino apareceu com uma cesta cheia de rosas e ofereceu-as ao zombador, que se converteu no mesmo instante e depois foi também mártir da fé.

(Francesco di Giorgio, National Gallery of Art, Londres)

AUSTRÁLIA: S. Francisco Xavier
ÁUSTRIA: S. Colman, Sto. Estêvão
AVIADORES: S. José Cupertino, Nossa Senhora de Loreto, Sta. Teresa
AVÓS: Sta. Ana
AVÔS: S. Joaquim

BAILARINOS: S. Genésio
BANQUEIROS: S. Mateus
BARBEIROS: Santos Cosme e Damião
BARQUEIROS: S. Juliano Hospitaleiro

São Caetano com o Menino Jesus. No Novo México, São Caetano é considerado padroeiro daqueles que se dedicam ao jogo a dinheiro. Durante sua vida, ele fundou abrigos para clérigos e leigos e para o atendimento aos doentes e pobres de Roma, Vicenza e Veneza. (Museu de Arte de Denver)

BÉLGICA: S. José
BIBLIOTECÁRIOS: S. Jerônimo
BOA MORTE: S. José
BOA VIAGEM: S. Rafael Arcanjo
BOÊMIA: S. Venceslau
BOMBEIROS: S. Floriano
BORNÉU: S. Francisco Xavier

BRASIL: Nossa Senhora da Conceição Aparecida, S. Pedro de Alcântara

CAÇADORES: Sto. Eustáquio, Sto. Humberto
CÃIBRAS: S. Maurício
CÁLCULOS BILIARES: S. Libério

CAMINHONEIROS: S. Cristóvão

CANADÁ: Sta. Ana, S. José

CÂNCER: S. Peregrino de Forli, S. Tiago Salamoni

CANTEIROS (CORTE DE PEDRAS): S. Clemente I

CANTORES: S. Gregório Magno, Sta. Cecília

CARIDADE: S. Vicente de Paulo

CARPINTEIROS: S. José

CARREGADORES: S. João Berchmans

CARTÕES DE BOAS FESTAS, ANIVERSÁRIOS, ETC.: S. Valentim

CASAS DE PEDRA: Sta. Bárbara, Sto. Estêvão, S. Sebastião

CASTIDADE: Sta. Inês

CATEQUISTAS: S. Roberto Belarmino, S. Carlos Borromeu

CAUSAS DESESPERADAS: S. Judas

CAVALARIA: S. Jorge

CAVALEIROS: Sta. Ana

CAVALEIROS (NOBRES): S. Miguel Arcanjo

CEGUEIRA: Sta. Odila; S. Lourenço, o Iluminador

CERVEJEIROS: S. Nicolau

CESTEIROS: Sto. Antão, abade

CHAPELEIROS: S. Tiago Menor, S. Severo

CHILE: S. Tiago, Nossa Senhora do Carmo

CHINA: S. Francisco Xavier, S. José

CHUVA: Sta. Escolástica

CIÊNCIA: Espírito Santo

CIENTISTAS: Sto. Alberto Magno

CIRURGIÕES: Stos. Cosme e Damião, S. Lucas

CLÉRIGOS: S. Gabriel da Virgem Dolorosa

CLERO: S. Carlos Borromeu

COBRADORES DE IMPOSTOS: S. Mateus

CÓLICAS: S. Carlos Borromeu

COLÔMBIA: S. Pedro Cláver

COMEDIANTES E HUMORISTAS: S. Genésio

COMERCIANTES: Sto. Armando, S. Francisco de Assis

COMPOSITORES: Sta. Cecília

CONFEITEIROS: S. José

CONFESSORES: S. Francisco de Sales

CÔNJUGES: S. José

CONSELHO: Espírito Santo

CONSTRUÇÃO NAVAL: S. Pedro

CONSTRUTORES: S. Vicente Ferrer, Sta. Bárbara

CONSTRUTORES DE CASAS: Nossa Senhora de Loreto

CONTADORES: S. Mateus

CONTUSÕES E EQUIMOSES: Sta. Amalberga

CONVERSÃO E BATISMO: S. João Batista

CONVULSÕES INFANTIS: Sta. Escolástica

CORRETORES DA BOLSA: S. Mateus

COSTUREIRAS E BORDADEIRAS: S. Francisco de Assis

COVEIROS: Sto. Antônio

COZINHEIROS: Sta. Marta, S. Lourenço

CRIADORES DE CÃES: S. Roque

CRIADORES DE OVELHAS: S. Rafael Arcanjo

CRIANÇAS: S. Nicolau

CRIANÇAS ABANDONADAS: S. Jerônimo Emiliani

CRIANÇAS ENJEITADAS: Santos Inocentes

CULTURA, ESTUDO: Sta. Margarida da Escócia, Sto. Ambrósio

CURA DE FERIDAS: Sta. Rita

CURTIDORES: S. Simão Stock, S. Tiago

DENTISTAS: Sta. Apolônia
DIARISTAS: Sta. Brígida
DINAMARCA: Sto. Ansgar
DIRETORES ESPIRITUAIS: S. Carlos Borromeu
DISTÚRBIOS GLANDULARES: S. Cadoc
DOENÇAS DA PELE: S. Roque, S. Peregrino
DOENÇAS DO CORAÇÃO: S. João de Deus
DOENÇAS DO GADO: S. Sebastião
DOENÇAS MENTAIS: Sta. Dinfne

DONAS DE CASA: Sta. Ana
DOR DE DENTES: Sta. Apolônia
DORES DE CABEÇA: S. Dionísio
DÚVIDA: S. José

EDITORES: S. Paulo Apóstolo, S. João Evangelista
EMIGRANTES: Sta. Francisca Cabrini
EMPREGADAS: Sta. Zita
EMPREGADOS DOMÉSTICOS: Sta. Maria, Sta. Zita
ENCADERNADORES: S. Pedro Celestino, S. Sebastião

Santa Bárbara foi a bela filha de um homem ciumento, que a mantinha presa para evitar que se encontrasse com pretendentes ao casamento. Enquanto presa, converteu-se ao Cristianismo. Isso enfureceu o pai, que a decapitou e foi imediatamente fulminado por um raio. Santa Bárbara é invocada para proteção contra as tempestades.

(Museu de Arte de Denver)

ENCHENTES: S. Columbano
ENFERMEIRAS: S. Rafael Arcanjo, S. João de Deus, S. Camilo de Lélis
ENFERMOS: S. Camilo de Lélis
ENGENHEIROS: S. Fernando, S. José
ENTENDIMENTO: Espírito Santo
EPILEPSIA: S. Genésio
EQUADOR: Sagrado Coração de Jesus
ESCÓCIA: Sto. André
ESCOLAS: Sto. Tomás de Aquino
ESCOTEIRAS: Sta. Inês
ESCOTEIROS: S. Jorge
ESCRIBAS, COPISTAS: Sta. Catarina
ESCRITORES: S. Paulo Apóstolo, S. João Evangelista
ESCULTORES: S. Cláudio, S. Lucas
ESPANHA: S. Tiago Menor
ESPECIALISTAS EM TECNOLOGIA MÉDICA: Sto. Alberto Magno
ESPELEÓLOGOS: S. Bento
ESQUIADORES: S. Bernardo
ESTADOS UNIDOS: Imaculada Conceição
ESTALAJADEIROS: S. Juliano Hospitaleiro, Sto. Armando
ESTUDANTES: Sto. Tomás de Aquino
ETIÓPIA: S. Frumêncio

FABRICANTES DE BRINQUEDOS: S. Cláudio
FABRICANTES DE CAIXÕES: Sto. Estêvão
FABRICANTES DE CINTOS: Sto. Aleixo
FABRICANTES DE ESPADAS: S. Dunstan, S. Maurício
FABRICANTES DE FLECHAS: S. Sebastião
FABRICANTES DE LÂMPADAS: Nossa Senhora de Loreto
FABRICANTES DE ÓRGÃOS: Sta. Cecília

FABRICANTES DE PAPEL: S. João Evangelista
FABRICANTES DE PINCÉIS: Sto. Antão, abade
FABRICANTES DE PONTES: S. Pedro
FABRICANTES DE PREGOS: S. Cláudio
FABRICANTES DE RAQUETES: S. Sebastião
FABRICANTES DE REDES: S. Pedro
FABRICANTES DE RODAS: Sta. Catarina de Alexandria
FALSAMENTE ACUSADOS: S. Raimundo Nonato, S. Geraldo
FAMÍLIAS: S. José
FARMACÊUTICOS: S. Rafael Arcanjo, Stos. Cosme e Damião
FAZENDEIROS, SITIANTES, AGRICULTORES: Sto. Isidoro
FÉ NO SANTÍSSIMO SACRAMENTO: Sto. Antônio
FEBRE: S. Pedro
FERRAGEIROS: S. Sebastião
FERRAGENS: S. Sebastião
FERREIROS: S. Tiago
FIANDEIRAS: Sta. Catarina
FINLÂNDIA: Sto. Henrique de Upsala
FLORISTAS: Sta. Dorotéia
FOGO: S. Francisco de Assis
FOGO, PREVENÇÃO DO: Sta. Catarina de Sena
FOGOS DE ARTIFÍCIO: Sta. Bárbara
FORTALEZA: Espírito Santo
FORTIFICAÇÕES: Sta. Bárbara
FRANÇA: Sta. Joana d'Arc
FREIRAS: Sta. Brígida
FUNCIONÁRIOS DE CEMITÉRIOS: Sto. Antônio
FUNCIONÁRIOS DE TRIBUNAL: S. Tomás More
FUNCIONÁRIOS PÚBLICOS: S. Tomás More

FUNDIDORES DE BRONZE: Sta. Bárbara
FUNDIDORES DE SINOS: Sta. Ágata ou Águeda

GARGANTA: S. Brás
GERENTES DE CASAS FUNERÁRIAS: S. Dimas
GOTA: Sto. André
GOVERNANTAS: Sta. Marta, Sta. Ana
GRÁFICOS: S. João Evangelista
GRAVADORES: S. João Evangelista
GRÉCIA: S. Nicolau
GUARDA-LIVROS: S. Mateus
GUERRA: S. Miguel Arcanjo

HARMONIA FAMILIAR: Sta. Dinfne
HÉRNIA: S. Conrado
HESITAÇÃO: S. José
HOLANDA: S. Vilibrodo
HOSPITAIS: S. Camilo, S. João de Deus, S. Vicente de Paulo
HUNGRIA: Sto. Estêvão da Hungria, Nossa Senhora

IATISTAS: Nossa Senhora, Estrela do Mar
IGREJA UNIVERSAL: S. José
ILUMINAÇÃO: Nossa Senhora do Bom Conselho
IMIGRANTES: Sta. Francisca Cabrini
IMPENITÊNCIA: Sta. Bárbara
ÍNDIAS OCIDENTAIS: Sta. Gertrudes
ÍNDIAS ORIENTAIS: S. Tomé, apóstolo
INDÚSTRIA DO VESTUÁRIO: S. Paulo Eremita
INDÚSTRIA QUÍMICA: Stos. Cosme e Damião
INGLATERRA: S. Jorge
INIMIGOS DA RELIGIÃO: S. Sebastião
INSANIDADE: Sta. Dinfne
INVÁLIDOS: S. Roque
IRLANDA: S. Columbano, S. Patrício
ITÁLIA: Sta. Catarina de Sena

JAPÃO: S. Pedro Batista
JARDINEIROS: Sta. Dorotéia, S. Sebastião
JESUÍTAS: Sto. Inácio de Loiola
JOALHEIROS: Sto. Elígio
JOGO COMPULSIVO: S. Bernardino
JOGO, VÍCIO DO: S. Bernardino, S. Caetano
JORNALISTAS: S. Paulo Apóstolo, S. Francisco de Sales
JOVENS: S. Luís Gonzaga, S. Gabriel da Virgem Dolorosa, S. João Berchmans, S. Domingos Sávio, Sta. Maria Goretti
JUÍZES: Sto. Ivo
JURADOS: Sta. Catarina de Alexandria

LATOEIROS E FUNILEIROS: S. José de Arimatéia
LEPROSOS: S. Vicente de Paulo
LÍNGUA: Sta. Catarina
LINOTIPISTAS: S. João Evangelista
LITÓGRAFOS: S. João Evangelista
LITUÂNIA: S. Casimiro
LIVREIROS: S. João de Deus, S. João Evangelista
LOBOS: S. Pedro
LONGEVIDADE: S. Pedro
LOUCURA: S. Pedro
LUMBAGO: S. Lourenço
LUNÁTICOS: Sta. Dinfne

MÃES: S. Geraldo, Sta. Ana
MALES CORPORAIS: Nossa Senhora de Lourdes
MARCENEIROS: Sta. Ana
MARCHANDS: S. João Evangelista
MARINHEIROS: S. Brendano; Nossa Senhora, Estrela do Mar; S. Miguel Arcanjo; S. Cuthbert
MATEMÁTICOS: S. Humberto
MECÂNICOS: S. Humberto
MÉDICOS: S. Lucas

213

MEIOS DE COMUNICAÇÃO: S. Gabriel Arcanjo
MENDIGOS: Sto. Aleixo
MENINOS CANTORES: Santos Inocentes, S. Domingos Sávio
MENSAGEIROS: S. Gabriel Arcanjo
MERCEEIROS E QUITANDEIROS: S. Miguel Arcanjo
METALÚRGICOS: Sto. Humberto
MÉXICO: Nossa Senhora de Guadalupe
MINEIROS: S. Pirônio, Sta. Bárbara
MISSIONÁRIOS: S. Francisco Xavier
MISSÕES: Sta. Teresinha do Menino Jesus, S. Francisco Xavier
MISSÕES CATÓLICAS ENTRE OS POVOS NEGROS: S. Pedro Claver
MOLEIROS: Sto. Arnulfo
MONGES: S. Bento
MORDEDURA DE COBRA: S. Patrício
MORDIDAS DE CACHORRO: Sto. Humberto
MORTE SOLITÁRIA: S. Francisco de Assis
MORTE SÚBITA: Sta. Bárbara
MOTOCICLETAS: Nossa Senhora da Medalha Milagrosa
MOTORISTAS: S. Cristóvão
MULHERES ESTÉREIS: Sta. Felicidade, Sto. Antônio
MULHERES GRÁVIDAS: Sta. Isabel, S. Geraldo
MULHERES MILITARES: Sta. Joana d'Arc
MÚSICOS: Sta. Cecília
MUTILADOS: Sto. Antônio

NAMORADOS: S. Rafael Arcanjo
NAVEGANTES: Nossa Senhora, Estrela do Mar
NEGROS: S. Martinho de Porres
NERVOS: Sta. Dinfne
NOIVAS: Sta. Dorotéia
NORUEGA: Sto. Olavo

NOVA ZELÂNDIA: S. Francisco Xavier
NUTRICIONISTAS, DIETISTAS: Sta. Marta

OBJETOS PERDIDOS: Sto. Antônio
OBSTETRAS: S. Raimundo Nonato
OLHOS: Sta. Luzia
OLHOS, DOENÇAS DOS: S. Rafael Arcanjo
ORADORES: S. João Crisóstomo
ÓRFÃOS: S. Jerônimo Emiliani, Sta. Luísa
OURIVES: Sto. Anastácio, S. Lucas

PADEIROS: S. Nicolau, Sta. Meingold
PAÍS DE GALES: S. Davi
PAPELARIAS: S. Pedro
PÁRA-QUEDISTAS: S. Miguel Arcanjo
PÁROCOS: S. João Maria Vianney
PARTURIENTES: Sta. Ana
PÁSSAROS: S. Francisco de Assis
PATINADORES: Sta. Lidwina
PEDREIROS: S. Pedro
PÉS, PROBLEMAS NOS: S. Pedro
PESCADORES: Sto. André, S. Pedro
PINTORES: S. Lucas
PISOEIROS: S. Tiago Menor
POMARES DE MAÇÃS: S. Carlos Borromeu
POSSESSÃO DIABÓLICA: S. Bruno
PRIMEIRA COMUNHÃO: S. Tarcísio, Sta. Imelda, S. Pio X
PRISIONEIROS: Sta. Bárbara, S. Vicente de Paulo
PRISÕES: S. José Cafasso
PROBLEMAS ESTOMACAIS: S. Carlos Borromeu
PROFESSORES: S. Gregório, S. Francisco de Sales, Sta. Catarina de Alexandria, S. João Batista de la Salle
PROFISSIONAIS DO RÁDIO: S. Gabriel Arcanjo
PUBLICIDADE: S. Bernardino

PULMÕES E MALES DO PEITO: S. Bernardino

RADIOLOGISTAS: S. Miguel Arcanjo
RAIO: Sta. Bárbara
RECÉM-NASCIDOS: Sta. Brígida
REDATORES: S. João Bosco
REFUGIADOS: Sto. Albano
RELAÇÕES PÚBLICAS: S. Bernardino
RELOJOEIROS: S. Pedro
RENDEIROS: S. Francisco de Assis
REPÚBLICA TCHECA e ESLOVÁQUIA: S. João Nepomuceno, S. Venceslau
RETIROS: Sto. Inácio de Loiola
REUMATISMO: S. Tiago Menor
RÚSSIA: S. Bóris, S. Nicolau, Sto. André

SABEDORIA: Espírito Santo
SAPATEIROS: S. Crispim
SECRETÁRIAS: Sta. Catarina
SELEIROS: Sta. Luzia
SEMINARISTAS: S. Carlos Borromeu
SERRALHEIROS: S. Dunstan
SERVENTES: Sta. Marta
SICÍLIA: S. Nicolau
SITIANTES: Sto. Isidoro
SITUAÇÕES DESESPERADAS: Sta. Rita, S. Judas Tadeu
SOLDADOS: S. Sebastião, Sto. Inácio de Loiola, S. Jorge
SOLDADOS DE INFANTARIA: S. Maurício
SOLIDÃO: Sta. Rita
SOLTEIRONAS: Sto. André
SOLTEIROS: S. Cristóvão
SRI LANKA: S. Lourenço
SUÉCIA: Sta. Brígida
SUÍÇA: Sto. Antíoco, S. Nicolau
SURDOS: S. Francisco de Sales

TABELIÃES, ESCRIVÃES: S. Lucas, Sto. Ivo

TANOEIROS: S. Nicolau
TAQUÍGRAFOS: Sta. Catarina
TAXISTAS: S. Fiacre
TECELÃES: Sta. Anastácia, S. Barnabé
TÉCNICOS EM EXPLOSIVOS: Sta. Bárbara
TELEFONISTAS: S. Gabriel Arcanjo
TELÉGRAFO: S. Gabriel Arcanjo
TELEVISÃO: Sta. Clara de Assis
TEMOR DE DEUS: Espírito Santo
TEMPESTADES: S. Teodoro, Sta. Bárbara
TENTAÇÃO: S. Miguel Arcanjo
TEÓLOGOS: Sto. Agostinho, Sto. Tomás de Aquino
TERCIÁRIOS: Sta. Isabel da Hungria, S. Luís IX
TINTUREIROS: Sta. Lídia
TRABALHADORES DE HOSPITAIS: S. Vicente de Paulo
TRABALHADORES EM CHUMBO: S. Sebastião
TRABALHADORES EM COBRE: S. Mauro
TRABALHADORES EM HOTELARIA: Sto. Amando
TRABALHADORES EM LÃ: S. Bernardino
TRABALHADORES EM MÁRMORE: S. Clemente I
TRABALHADORES EM PEDRA: Sto. Estêvão
TRABALHADORES EM PRATA: Sto. Andrônico
TRABALHADORES MANUAIS: S. Tiago Maior
TRABALHADORES NA INDÚSTRIA DE FARINHA: S. Arnulfo
TRABALHADORES, OPERÁRIOS: S. Tiago

TUBERCULOSE: Sta. Teresinha do Menino Jesus
TUMORES: Sta. Rita

ÚLCERAS: S. Carlos Borromeu
ÚLTIMOS SACRAMENTOS: Sto. Estanislau
UNIVERSIDADES CATÓLICAS: Sto. Tomás de Aquino

VAIDADE: Sta. Rosa de Lima
VENDEDORES: Sta. Luzia
VETERINÁRIOS: S. Tiago
VIAGENS: S. Paulo Apóstolo, S. Cristóvão
VIDRACEIROS: S. Marcos
VIDRO, INDÚSTRIA DO: S. Lucas

VIGIAS: S. Pedro de Alcântara
VIRGENS: Sta. Inês, Sta. Joana d'Arc, a Virgem Maria
VITIVINICULTORES: S. Francisco Xavier
VITRALISTAS: S. Marcos
VIÚVAS: Sta. Luísa
VOCAÇÕES: Sto. Afonso
VOCALISTAS: Sta. Cecília

"WAC" (Women's Army Corps): Santa Joana d'Arc
"WAVES" (Women Accepted for Volunteer Emergency Service): Sta. Joana d'Arc

Significado dos Nomes de Santos Famosos

Ágata (boa)
Alberto (nobre; brilhante)
Ambrósio (divino; imortal)
Ana (graça)
André (forte; másculo)
Ângela (anjo; mensageira)
Antônio (inestimável)
Bárbara (estrangeira)
Basílio (régio; majestoso)
Benedito (abençoado)
Bernadete (valente como uma ursa)
Carlos (forte; másculo)
Catarina (pura)
Cecília (cega)
Clara (brilhante)
Cláudia (manca)
Coleta (exército vitorioso)
Conrado (bom conselheiro)
Constância (firmeza)
Cornélio (duradouro, estável)
Cristina (cristã)
Cristóvão (portador de Cristo)
Davi (bem-amado)
Domingos (pertencente a Deus)
Dorotéia (dom de Deus)
Edite (rico presente)
Eduardo (próspero guardião)
Egídio (escudeiro)
Elizabeth (consagrada a Deus)
Ema (enfermeira)
Emília (diligente)

Eric (sempre-poderoso)
Estêvão (coroado)
Fernando (todo-audaz)
Filipe (amigo dos cavalos)
Francisca (livre)
Frederico (pacífico)
Gabriel (homem de Deus)
Geraldo (valente com a lança)
Gertrudes (força da lança)
Gilberto (brilhante penhor)
Gregório (vigia)
Helena (luz; lanterna)
Henrique (senhor do Estado)
Hilda (servidora das batalhas)
Howard (chefe; guardião)
Humberto (intelecto brilhante)
Inês (pura)
Isabel (consagrada a Deus)
Jerônimo (nome sagrado)
Joana (Deus é misericordioso)
João (Deus é misericordioso)
Jorge (o que trabalha a terra)
José (Ele acrescentará)
Júlia (jovem; vigorosa)
Justino (justo)
Kevin (gentil; amável)
Léo (leão)
Lourenço (coroado de louros)
Lucas (portador da luz)
Lúcia (portadora da luz)
Luís (famoso guerreiro)

Marcos (belicoso)
Maria (mirra)
Martinho (belicoso)
Mateus (dom de Deus)
Miguel (o que é semelhante a Deus)
Mônica (conselho)
Nicolau (vitória do povo)
Patrício (nobre)
Paulo (pequeno)
Pedro (rocha)

Priscila (diminutivo de prisca, antiga)
Ricardo (senhor poderoso)
Rita (pérola)
Roberto (brilhante de fama)
Rosa (rosa)
Sofia (sabedoria)
Teresa (ceifeira)
Tiago (aquele que suplanta)
Timóteo (o que dá honra a Deus)
Tomás (gêmeo)
Verônica (verdadeira imagem)

Títulos Honoríficos dos Santos

Águia dos Teólogos: Santo Tomás de Aquino
Anjo das Escolas: Santo Tomás de Aquino (1225-74)
Apóstolo da Alemanha: S. Bonifácio (680-754)
Apóstolo dos Gauleses: S. Dionísio (m. *c.* 258)
Atanásio do Ocidente: Sto. Hilário de Poitiers (*c.* 315-68)
Bispo de Hipona: Sto. Agostinho (354-430)
Boca de Ouro: S. João Crisóstomo (347-407)
Demóstenes Cristão: S. Gregório Nazianzeno (*c.* 329-89)
Discípulo Amado: S. João Evangelista (*c.* 6-104)
Doutor Angélico: Santo Tomás de Aquino
Doutor da Graça: Sto. Agostinho
Doutor da Teologia Mística: S. João da Cruz (1542-91)
Doutor Divino: João Ruysbroeck (1293-1381)
Doutor Evangélico: Sto. Antônio de Pádua (1195-1231)
Doutor Extático: S. João Ruysbroeck
Doutor Hábil: Sto. Alberto Magno (*c.* 1206-80)
Doutor Melífluo: S. Bernardo de Claraval (1090-1153)
Doutor Seráfico: S. Boaventura
Doutor Universal: Sto. Alberto Magno
Esposa de Cristo: Sta. Teresa de Ávila (1515-82)
Grande Sintetizador: Santo Tomás de Aquino
Iluminador: S. Gregório da Armênia (257-331)
Lira do Espírito Santo: Sto. Efrém, o Sírio (*c.* 306-73)
Maior dos Padres Gregos: S. João Crisóstomo
Martelo dos Arianos: Sto. Hilário de Poitiers
Médico Amado: S. Lucas, o Evangelista (século I)
O Mais Douto de Sua Época: Sto. Isidoro de Sevilha (*c.* 560-636)
Oráculo da Igreja: S. Bernardo de Claraval
Pai da Escolástica: Sto. Anselmo (1036-86)

Pai da Filosofia Moral: Santo Tomás de Aquino
Pai da História Eclesiástica: Sto. Eusébio (*c*. 283-371)
Pai da História Inglesa: S. Beda, o Venerável (*c*. 672-735)
Pai da Ortodoxia: Sto. Atanásio (*c*. 297-373)
Pai das Ciências Bíblicas: S. Jerônimo (*c.* 342-420)
Pai do Monaquismo Oriental: S. Basílio Magno (329-79)
Papa da Eucaristia: S. Pio X (1835-1914)
Pequena Flor: Sta. Teresa de Lisieux (1873-97)
Rês Muda: Santo Tomás de Aquino
Santo Lacrimoso: S. Swithin (m. 862)
Teólogo do Oriente: S. Gregório Nazianzeno (*c*. 329-89)
Virgem de Orleãs: Sta. Joana d'Arc (1412-31)

Santa Teresa de Lisieux

Padres Latinos da Igreja

Sto. Agostinho, bispo de Hipona (354-430)
Sto. Ambrósio, bispo de Milão (340-97)
S. Bento, pai do monaquismo ocidental (480-546)
S. Celestino I, Papa (m. 432)
S. Cesário, arcebispo de Arles (470-543)
S. Cipriano, bispo de Cartago (m. 258)
S. Cornélio, Papa (m. 253)
S. Dâmaso I, Papa (m. 384)
S. Dionísio, Papa (m. 268)
Sto. Enódio, bispo de Pávia (473-521)
Sto. Euquério, bispo de Lyon (m. 449)
S. Fulgêncio, bipo de Ruspe (468-533)

Padres Gregos da Igreja

Sto. Anastásio Sinaíta, monge (m. 700)
Sto. André de Creta, arcebispo de Gortina (660-740)
Sto. Arquelau, bispo de Cascar (m. 282)
Sto. Atanásio, arcebispo de Alexandria (297-373)
S. Basílio Magno, arcebispo de Cesaréia (329-79)
S. Cesário de Nazianzo (329-69)
S. Clemente de Alexandria, teólogo (150-215)
S. Clemente I de Roma, Papa (30-99)
S. Cirilo, bispo de Jerusalém (315-86)
S. Cirilo, Patriarca de Alexandria (376-444)
S. Dionísio, o Grande, arcebipo de Alexandria (190-265)
S. Epifânio, bispo de Salamina (315-403)
Sto. Eustáquio, bispo de Antioquia (m. 340)
S. Firmiliano, bispo de Cesaréia (m. 268)
S. Germano, Patriarca de Constantinopla (634-733)
S. Gregório de Nissa (330-95)
S. Gregório Nazianzeno, bispo de Sasima (329-89)
S. Gregório Taumaturgo, bispo de Neocesaréia (213-68)
Sto. Hipólito, mártir (170-235)
Sto. Inácio, bispo de Antioquia (35-107)
Sto. Isidoro de Pelúsio, abade (360-450)
S. João Clímaco, monge (579-649)
S. João Damasceno, defensor das sagradas imagens (675-749)
S. Júlio I, Papa (m. 352)
S. Justino, apologista e mártir (100-165)
S. Leôncio de Bizâncio, teólogo (século VI)
S. Macário, o Grande, monge (300-94)
S. Máximo, abade e confessor (580-662)

S. Melito, bispo de Sardes (m. 190)
S. Metódio, bispo de Olimpo (m. 311)
S. Nilo, o Velho, sacerdote e monge (m. 430)
S. Policarpo, bispo de Esmirna (69-155)
S. Proclo, Patriarca de Constantinopla (m. 446)
S. Serapião, bispo de Thmuis (m. *c.* 370)
S. Sofrônio, Patriarca de Jerusalém (560-638)
S. Teófilo, bispo de Antioquia (século II)

Doutores da Igreja

Afonso de Liguori (1696-1787); redentorista
Agostinho (354-430); bispo de Hipona; Doutor da Graça
Alberto Magno (*c.* 1206-80); dominicano; Doutor Universal
Ambrósio (*c.* 340-97); bispo de Milão
Anselmo (1033-1109); arcebispo de Cantuária; Pai da Escolástica
Antônio de Pádua (1195-1231); franciscano; Doutor Evangélico
Atanásio (*c.* 297-373); bispo de Alexandria; Pai da Ortodoxia
Basílio Magno (329-79); capadócio; Pai do Monaquismo Oriental
Beda, o Venerável (*c.* 672-735); beneditino; Pai da História Inglesa
Bernardo (1090-1153); cisterciense; Doutor Melífluo
Boaventura (1221-74); franciscano; Doutor Seráfico
Catarina de Sena (1347-80); dominicana; Segunda Doutora da Igreja
Cirilo de Alexandria (*c.* 376-444); Patriarca de Alexandria
Cirilo de Jerusalém (*c.* 315-86); bispo de Jerusalém
Efrém (*c.* 306-373); diácono de Edessa; Lira do Espírito Santo
Francisco de Sales (1567-1622); bispo de Genebra; Padroeiro dos Escritores e da Imprensa
Gregório I, Magno (*c.* 540-604); Papa; Pai dos Padres
Gregório Nazianzeno (*c.* 329-89); capadócio; Teólogo do Oriente
Hilário de Poitiers (*c.* 315-68); bispo; Atanásio do Ocidente
Isidoro de Sevilha (560-636); arcebispo de Sevilha
Jerônimo (*c.* 342-420); Pai das Ciências Bíblicas
João Crisóstomo (*c.* 347-407); Patriarca de Constantinopla
João da Cruz (1542-91); carmelita; Doutor da Teologia Mística
João Damasceno (*c.* 675-749); monge; Último dos Padres Gregos
Leão I, Magno (*c.* 400-61); Papa; Inimigo das Heresias
Lourenço de Brindisi (1559-1619); franciscano
Pedro Canísio (1521-97); jesuíta; Segundo Apóstolo da Alemanha

Pedro Crisólogo (*c.* 406-50) bispo de Ravena; doutor das Homilias
Pedro Damião (1001-72); beneditino; bispo de Óstia
Roberto Belarmino (1542-1621); jesuíta; arcebispo de Cápua
Teresa de Ávila (1515-82); carmelita descalça; Primeira Doutora da Igreja
Tomás de Aquino (1225-74); dominicano; Doutor Angélico; Grande Sintetizador

NOTAS

Capítulo 1
1. William Nichols, *The Courage to Grow Old* (Nova York: Ballantine, 1989), p. 232.

Capítulo 4
1. Philip Berman, *The Search for Meaning* (Nova York: Ballantine, 1990), p. 352.

Capítulo 6
1. Philip Berman, *The Search for Meaning* (Nova York: Ballantine, 1990), p. 131.

Capítulo 8
1. Os depoimentos de Francisco Mleczko e George Bilecki são citados em Patricia Treece, *A Man for Others*, Prow/Franciscan, 1994.
2. O depoimento de Maria Kolbe é citado em Patricia Treece, *A Man for Others*, Prow/Franciscan, 1994.

AGRADECIMENTOS

*E*nquanto escrevia este livro, li muitas obras sobre a história da Igreja, os santos e o desenvolvimento espiritual em geral. Desejo agora manifestar minha gratidão aos autores daqueles livros a que mais recorri. São eles, sem uma ordem específica: Alban Butler, pelo clássico *Butler's Lives of the Saints* (Harper & Row, 1985); Dom David Steindl-Rast, cujo livro *Gratefulness: The Heart of Prayer* (Paulist Press, 1984) é obrigatório para todos aqueles que se empenham numa busca espiritual; padre Thomas Keating, que me ensinou sobre a espiritualidade cristã em *Awakenings* (Crossroad, 1991); Henri Nouwen, autor de *Reaching Out* (Image, 1975); e, por fim, Thomas Merton, cujo livro *The Wisdom of the Desert* (New Directions, 1960) me ajudou muitíssimo a compor o capítulo sobre os santos do deserto.

Sou particularmente grata a meu marido, Philip Berman, que deu imenso apoio a este projeto do começo ao fim. Devo também agradecer-lhe, e a seu editor, pela permissão de citar seus livros *The Search for Meaning* (Ballantine, 1993) e *The Courage to Grow Old* (Ballantine, 1989).

Sou também grata aos departamentos de reprodução de museus norte-americanos e europeus que gentilmente permitiram-me fazer uso das muitas fotografias que aparecem neste livro. Agradeço, além disso, a Larry Franck, autor de *New Kingdom of Saints: Religious Art of New Mexico, 1780-1907*, e a seu editor, Michael O'Shaughnessy, da Red Crane Books, Santa Fé, pelo gentil auxílio, pela inteligência e pelo ilimitado senso de humor.

Por fim, aqueles que partilharam comigo suas histórias de contato com os santos merecem muito mais que um agradecimento. Embora eu não tenha podido levar ao prelo todas as histórias que vocês me contaram com tanta boa vontade, seu conhecimento dos santos foi algo que ao mesmo tempo me emocionou e me enriqueceu interiormente.

Sobre a Autora

Anne Gordon nasceu e cresceu em Denver, Colorado, graduando-se na Universidade de Denver em 1979. Escritora várias vezes premiada, trabalhou como redatora-chefe do *Jackson Hole News*, vice-redatora do *Denver Post* e gerente de pessoal da KCNC-TV de Denver. Reside atualmente em Cleveland, Ohio, onde é redatora da revista dominical do *The Plain Dealer*. Em suas horas de lazer, gosta de velejar, andar de bicicleta, ler e passar o tempo ao lado de seu filho, Aaron, e do marido, o escritor Philip Berman.

Harpas Eternas

Josefa Rosalía Luque Alvarez
(Hilarião de Monte Nebo)

Harpas Eternas é o mais fiel relato sobre a vida do Profeta Nazareno, resultado de mais de vinte anos de pesquisa nos centros culturais da Palestina, da Síria, da Grécia, de Alexandria, de Damasco, de Antioquia e da Ásia Menor, completados pelas informações obtidas nos antigos arquivos essênios de Moab e do Líbano e nas Escolas de Sabedoria fundadas pelos mais ilustres sábios do Oriente.

É a história de Jesus de Nazaré narrada com impressionante riqueza de detalhes sobre todas as etapas da sua vida, detendo-se mais particularmente nos seguintes aspectos:

- As circunstâncias astrológicas em que se deu o seu nascimento.
- A infância em Nazaré na companhia de Maria, de José e de seus meio-irmãos.
- Sua iniciação e educação entre os essênios.
- A juventude e as viagens que fez aos centros culturais mais importantes do seu tempo.
- O quadro social e histórico em que realizou seus milagres.
- A repercussão de seus ensinamentos no ambiente político e religioso da Judéia.
- As convicções que seus contemporâneos tinham acerca de sua missão como o Messias.
- Os incidentes que resultaram na sua condenação à morte.
- Sua ressurreição e ascensão ao céu.

A grandeza do Mestre Nazareno não está fundamentada apenas no seu martírio, mas em toda a sua vida, prova grandiosa e convincente da sua doutrina, que ele construiu sobre estas duas vigas mestras: a paternidade de Deus e a fraternidade entre os homens.

Toda a sua existência foi um vivo reflexo dessas duas verdades incontestáveis, resumo de todo o seu ensinamento, que sempre transmitia a convicção profunda de que só elas podem levar a humanidade à sua perfeição e felicidade: sentir Deus como Pai é amá-Lo sobre todas as coisas; sentir-nos irmãos de todos os homens é trazer o céu à terra.

Harpas Eternas é uma obra de interesse geral pois, na expressão do psicólogo suíço C. G. Jung, queiramos ou não, somos todos cristãos.

* * *

Esta é uma obra editada em quatro volumes que podem ser adquiridos separadamente.

EDITORA PENSAMENTO

CUMES E PLANÍCIES

Os Amigos de Jesus

Josefa Rosalía Luque Alvarez
(Hilarião de Monte Nebo)

Harpas Eternas, a narrativa da vida terrena do Messias, que a Editora Pensamento publicou em 4 volumes, termina às margens do lago de Tiberíades, quando Jesus faz suas últimas recomendações aos seus amigos e, principalmente, aos Apóstolos, que o seguiam mais de perto.

Mas, como bem lembra o prefácio de *Cumes e Planícies*, a história não termina aí e, por múltiplas razões que seria fastidioso enumerar, os que amam o Mestre Nazareno ignoram por completo a história dos continuadores da magna obra de redenção e amor iniciada e anunciada por Jesus.

Cumes e Planícies preenche essa lacuna retomando a narrativa desde a reunião dos Apóstolos em Jerusalém, por ocasião da festa de Pentecostes, e, refazendo seus itinerários pelas principais regiões e civilizações do Mundo Antigo, acompanha-os em seu trabalho de evangelização, narrando-lhes as peripécias, as vitórias e o martírio.

As várias histórias que se entrelaçam neste livro são sempre muito ricas em detalhes e, como em *Harpas Eternas*, não se limitam a focalizar os personagens principais – os Apóstolos Pedro, Tiago, João, André, Felipe, Tomé, Bartolomeu e Mateus, Tiago, filho de Alfeu, Simão Zelote, Judas, filho de Tiago, e Matias, eleito para ocupar o lugar de Judas Iscariotes. Este, surpreendentemente, não tem o fim de que falam os Evangelhos, mas recebe o perdão pelo gesto ignóbil que levou o Messias ao Calvário e que lhe valeu a alcunha de Judas, o Traidor.

A história começa quando todos – discípulos, amigos e colaboradores do Mestre, tendo à frente os Apóstolos – , reunidos em torno de Maria, Mãe de Jesus, decidem separar-se para obedecer ao mandado do Messias: "Ide por todo o mundo, proclamai a Boa Nova a todas as criaturas."

EDITORA PENSAMENTO